6 面接

面接を受ける中で、企業研究・選定行動（自分に合った企業か）をする。同時に、内定《ないてい》獲得《かくとく》行動（志望動機、自己PR等）をする。

面接は、「企業を選ぶ／内定を得る」という2つの目的を一体化させた、同時処理《どうじしょり》の行動。

通過

否

ゴール
そして
新しい
スタート

7 内定（就職先企業選定）

内定を得た企業のうちから、「いい企業だ」という実感・確信を得た企業を、就職先として選定する。

通過

否

5 筆記試験

筆記試験対策をして受験する。

通過

否

4 会社説明会・セミナー

・会社説明会に臨《のぞ》む中で、1、2、3を深める。
・会社説明会は、選考を兼《か》ねることも多い。その場合は、一次面接として臨《のぞ》む。

大人《おとな》になったら
何になりたい？
キーンコーン
カーンコーン
スポーツ選手《せんしゅ》、
クリエイター、
ユーチューバー、
パティシエ、学校の先生…
それとも
平凡《へいぼん》な会社員？
だけど…
「平凡《へいぼん》な会社員」って
何だろう？

職場体験
…島田《しまだ》くん、椎名《しいな》さんは、スーパーあおば…
仕事や、職業《しょくぎょう》のことを、はじめて意識《いしき》したのは、中学2年の頃《ころ》だったと思う
はい
緑川《みどりかわ》くんと染谷《そめたに》さんは、株式会社いろは
はい!
尾上君《おのうえくん》と山野《やまの》さんは、株式会社メディカル
はい
以上が、みなさんの職場体験先《しょくばたいけん》になります
尾上くん一緒《いっしょ》だね、よろしく!
きっかけは、「職場体験」だ
うん、よろしく、とわちゃん!

職場体験
いよいよ来週、「職場体験」が始まります
みんなは、「職場体験」の目的をわかっているかな?
体験先の企業《きぎょう》は、業務内容《ぎょうむないよう》も規模《きぼ》も様々《さまざま》ですが
働く喜び
厳しさ
君たちに学んできてほしいのは……
社会に出て働くことの喜びや、厳《きび》しさを実感すること、
仲間と協力して力を発揮《はっき》するには、何が大切かを学ぶこと……
様々な会社がこの街で持つ役割《やくわり》を知ること。
そして、将来《しょうらい》の自分の仕事について考えるきっかけにしてほしい
みんなは、将来の職業や仕事のことを、考えたことはあるかな?

職場体験
君たちも、将来《しょうらい》社会にでるときが必《かなら》ずやってきます
そして、誰《だれ》もが働きながら人生を歩いていく
人生の長い時間をその仕事とともに過《す》ごすのですから、
職業を決めるということは、人生において重大な決断《けつだん》です
だから、就職活動は大きな人生の分岐点《ぶんきてん》にもなります
もちろん、転職《てんしょく》することだってあるし、
「就職」しない仕事のしかたもある。仕事とのかかわりは、人それぞれです
あの時、先生の言葉をしっかり実感できていたら――

…職場体験《しょくばたいけん》は、
それを考える
第一歩ですから
学ぶべきことを
しっかり
意識《いしき》しながら
取《と》り組《く》んで
ください
僕は、あの頃《ころ》の
甘《あま》い自分を
少しだけ
悔《く》やんでいる
かえろー
おっす
職場体験、
面白そうだ
よね
そう？
会社って
興味《きょうみ》がわかないよ
将来《しょうらい》は、
なんか
夢《ゆめ》のある
かっこいい
仕事がしたい
かっこいい
仕事って？
まだ
そんなの、
わかんないよ
とりあえずは
いい大学に入れば
どうにでも
なるでしょ！
お前
勉強して
ないじゃん
ー

俺は、公務員《こういん》になりたいな。
父さんが、公務員は安定してていいぞって！
え～!? 安定？ 夢《ゆめ》がないなぁ…
僕たちには、可能性《かのうせい》がいっぱいあるんだぜ？
安定よりチャレンジでしょ!?
あきらめなければ夢《ゆめ》はかなうんだ！
なんで今から、小さくまとまっちゃうんだよ！
夢《ゆめ》とお金…二兎《にと》を追《お》わずば、二兎《にと》を得《え》ずだよ！
そのことわざ間違ってるぞ！
これが正解だよ！

ピコピコ
シャピーン
ピコピコピコ
職場体験、気が重いなぁ
大変なのかなぁ
ただいまー
お父さんが帰ってきた
あ、お帰りなさい。夕ご飯は?
おそかったねー
食べてないよ
カラララ
ZZZZ
ぐっすりか…

パタン
お父さんはいつも夜中に帰ってくる
休みも、しょっちゅう仕事でつぶれる
日
お父さん出張
20 一郎 歯医者 15:00
この前の家族旅行もお父さんが急《きゅう》に仕事になって中止になった
えーっ
すまんっ
大人になって働くとしても…
お父さんみたいな仕事はいやだなぁ
お父さんは、子どものころ、何の仕事をしたかったのかなぁ?

僕たちはまだ、仕事のことを何も知らない。

私たちの未来

BOKUTACHI HA
MADA
SHIGOTO
NO KOTOWO
NANIMO SHIRANAI

原案 各務展生
マンガ 糸貫律
構成 木平木綿

Gakken

CONTENTS

＊本書は、子どもたちに、「仕事（選び）」の現実と、ある種の「真理」を伝えるために制作した本ですが、物語に登場する人物名、学校・企業などの団体名は、すべて架空のものです。

カバーイラスト／酒井以　ブックデザイン／久保田紗代　DTP／株式会社 四国写研
編集協力／原郷真里子、横田綾乃、飯塚梨奈

―週末―
おはよう
おはよう
一郎《いちろう》、どうだ学校は
うん…
なんとか
勉強《むずか》は、難しいか？
わからないとこ、父さんが教えてやろっか？
だいじょうぶ
……
ねえ、お父さん
ん？
なんでお父さんは、毎日遅《おそ》くまで仕事してるの？

ドキーーッ
なんだ、急に!?
仕事って、つまんなくない? 大変そうだし
そりゃあ大変だよ
でも……
面白いことも多いぞ!!
がんばった仕事で誰かが喜《よろこ》んでくれたときや
皆《みな》で大切な仕事をやり遂《と》げたときは、本当にうれしくなるな!
へぇ～
でも、なんでそんなこと聞くんだ
うん、来週、会社に職場体験に行くんだけど
自分の将来を考えながら体験に取り組めって言われたんだ
でも、会社で働くのって、あんまりピンとこなくて

お父さんは、どうして今の仕事を選んだの？
んーそうだなぁ
父さんは、大学で理系の研究室にいたんだ。
だから、今の会社に入って、素材《そざい》の研究をしようと思っていたんだよ
でも、お父さん営業《えいぎょう》でしょ？
入社して3年目に、会社の経営悪化《けいえいあっか》で研究室が閉鎖《へいさ》になってな
それで営業に異動《いどう》したんだけど、営業のほうが父《とう》さんには、あってたんだな
それじゃあ…
お父さんの夢《ゆめ》はかなったの？かなわなかったの？
夢!? 考えたことなかったなぁ

一郎は、何か夢《ゆめ》があるのか？
もちろんあるよ！
楽しくて、やりがいがあって、給料《きゅうりょう》がいい仕事につくこと！
それで、休みには、好きなだけゲームをするんだ
練習を重ねてゲームの大会でいい成績《せいせき》出す！
Eスポーーツ！
エヘヘ
つまり、「楽しくて儲《もう》かる仕事をしたいし、趣味《しゅみ》のゲームの時間もほしい」
…ってことだな？
ガシャ!!
…天気もいいし、散歩《さんぽ》でもどうだ
母さん、今日は出かけてるし
土手《どて》に行って、ふたりで弁当《べんとう》でも食べないか？
いいよ

…「給料」ってことは、一郎は、会社に勤《つと》めるつもりなのか？
え？
会社じゃなかったら、何があるの？
仕事にはいろいろあるよ
働き方もいろいろある
例《たと》えば？サッカー選手とか？ユーチューバー？
それも働き方の一つ
例えば、父さんは会社員だ
民間《みんかん》の企業《きぎょう》で正社員として働く、俗《ぞく》にいうサラリーマン
一方、国や県、市・区といった政府《せいふ》や行政法人《ぎょうせいほうじん》、公共団体の職員《しょくいん》が公務員だ
チリリン
警察官《けいさつかん》とか官僚《かんりょう》っていわれる人もそうだね！

あぁ
例《たと》えば、あそこの工事見えるだろ
あの工事をしているのは、国土交通省《こくどこうつうしょう》だろう。
工事現場を管轄《かんかつ》しているのが公務員
ご迷惑をおかけします
洪水対策の工事をしています
6月10日まで 8:00〜17:00
発注者 国土交通省
施工者 松浦建設
あの職人《しょくにん》の人も?
職人の人は公務員じゃなくて民間企業《みんかんきぎょう》の人
護岸工事
発注者 国土交通省
施工者 松浦建設
行政《ぎょうせい》が民間に仕事を発注《はっちゅう》しているんだ
友だちは、公務員を目指しているって言ってた
公務員は不況《ふきょう》に強いんだって
公務員にもいろいろな種類があるぞ
それに、公務員試験も浪人《ろうにん》する人もいるくらい難しいぞ
公務員試験?

そう。筆記試験《ひっきしけん》や論文《ろんぶん》、面接《めんせつ》があって簡単じゃない
それを、高校や大学の勉強をしながらするんだ
でも、今から勉強すればいいじゃん？
じゃあ、勉強できるのか？
なりたいものさえ決まればいつでも勉強する気はあるよ
勉強さえすれば、いいんでしょ？
弁護士《べんごし》とかになるのは、簡単じゃないんだろうけどさ
弁護士になるには国家資格《こっかしかく》が必要だからな
国家資格？
医師免許《いしめんきょ》、弁護士免許《べんごしめんきょ》、一級建築士免許《いっきゅうけんちくしめんきょ》調理師免許《ちょうりしめんきょ》……
みんな国家資格が必要なんだ
建築事務所
○○病院
内科
小児科

あの病院の先生も
あっちのレストランのオーナーも
みんなそういう試験をパスして働いてるってこと？
そうさ
そう考えると、すごいね
それに、あっちの会社もこっちの会社も……全部の会社に社長がいるんだよね
皆《みんな》、どうやって社長になったんだろ
社長だっていろいろなパターンがある
自分で起業《きぎょう》したり、親の会社を継《つ》ぐことも多いだろうな
勤《つと》めている会社で社長まで上りつめたり
経営《けいえい》が上手なら、頼《たの》まれて社長になることもある

でも、とにかく、社長になる方法がなんであれ
責任《せきにん》の重い仕事だ。会社と社員を守らなければならないんだからな
社長っていいとこどりなのかと思ってた
大変だけど、会社なら大きな仕事を成《な》し遂《と》げられるし
自分の会社が、社会を変えることだってある
そして会社の経営《けいえい》は雇用《こよう》を生み皆《みんな》の生活を支《ささ》えている
社会的な貢献《こうけん》も大きい
すごいね。やっぱり僕も、目指すなら社長かな

けどさ、自由な仕事もあこがれるんだよね
フリーランス的なさ
フリーランスって、どういう働き方か知ってるのか?
時間に縛《しば》られないで、自由に働けるんでしょ!?
それはちょっと違うな……
フリーランスというのは、会社としてではなく個人として仕事を請《う》け負《お》う働き方なんだ
だから、発注元《はっちゅうもと》のオーダーが優先《ゆうせん》になるから、必ずしも自由じゃないんだ
でも、デザイナーとか、カメラマンみたいなクリエイターでしょ?
フリーランスってかっこいい仕事ばっかりじゃない?

だけど、安定して仕事を得ることは簡単《かんたん》じゃないぞ
チャンスや運も必要だ!!
それに、病気になったら、収入もなくなるかもしれない…
うっ…
フリーランスで食べていくのは簡単じゃない
大変なのに、保障《ほしょう》がないのか……好きに働くならバイトのほうがいいのかなぁ?
アルバイトは仕事じゃないの?
アルバイトだって仕事だよ
父さんの知り合いはゲームが好きで、学生時代に
ゲームを販売《はんばい》するお店でアルバイトをしていたんだ
そこで働きながらゲームの販路《はんろ》や、お客さんの好みを研究したんだ
RPG
GAME
GAME SHOP

GAME SHOP
NEW GAME
お客さんに受けるゲーム
どんな宣伝《せんでん》が効果《こうか》があるか
ゲームはどうやって作られているか…
GAME
アルバイトをしながらそういうことをひとつひとつ身につけた
彼は、それからプログラミングを独学《どくがく》で習得《しゅうとく》して、ゲームをつくる会社に入った。そして、あの有名なゲーム「□○×△」を作ったんだ
C++
プログラミング
ええ〜、すごいや!!
お父さん知り合いなの?!
今や彼は、その会社の経営《けいえい》をする側になったという話だ
かっこいいー!
知り合いの知り合いさ
でも、やっぱり、大きなことをするときには、会社に入ったんだけどな
アルバイトでも学べることがあるんだね

試《ため》しにアルバイトで働いて
気に入ったらその会社に入るっていいかもね
おいおい、それこそ狭《せま》き門《もん》だぞ
それに、バイトの立場では、仕事の全体像《ぜんたいぞう》が見えないことも多い
専門職《せんもんしょく》は、バイトから入るのもあるけど
マンガ家のアシスタントとか
目的意識《もくてきいしき》をしっかり持って、人一倍努力《ひといちばいどりょく》しなければならない
お弁当とお惣菜
それでも結局《けっきょく》、アルバイトから抜《ぬ》け出せず、貧困《ひんこん》に陥《おち》ってしまう人もいる
貧困《ひんこん》に…
ポン
まいどー

それで結局《けっきょく》、お父さんの夢《ゆめ》はかなったの？
え？
それまだ聞くのか…
朝早く満員電車《まんいんでんしゃ》に乗って、夜中に帰ってきて
冷《ひ》えた夕ご飯食べてるよね
そう見えるか…
僕は、会社のために自分の時間を犠牲《ぎせい》にするのはやだ
自分らしい仕事について、楽しく生きたい
14歳《さい》の一郎がそう思うのもわかるよ
でもさ、考えてみろ？
母さんがいて
一郎がいて
住む家があって

それから、ちゃんと仕事があって
こんな天気がいい日には特《とく》にさ父さんは幸せだな~って思うんだよ
明日からまた仕事頑張《がんば》るぞって!!
一郎、職場体験《しょくばたいけん》しっかりやってこいよ!!
どんな働き方でもどんな仕事でも
いつか世の中が、お前の力を必要とする日がくるんだ

父さんは、一郎にも、充実《じゅうじつ》した、いい仕事人生を送ってほしいと思うよ
うん!
僕、頑張《がんば》る
株式会社 メディカル
頑張《がんば》ってくるよ…
でも、僕は…僕なら、絶対にすごい仕事ができると思うんだ…
すごい仕事が何かはまだわからないけど…
あれ…
でも、エントリーシートにはなんて書いたらいいんだろう…

エントリーシートの
締《し》め切《き》り、
今日じゃなかったっけ？
必勝

パシ!
チチチチ…
あれから
8年が過《す》ぎ――
ポス!
はぁ。
ガバッ
また、
あの夢《ゆめ》…
結局、中学・高校と
よくも悪くも
成績がそこそこだった
俺《おれ》、尾上一郎《おのうえいちろう》は……
フゥッ!
すごい仕事…
あるわけない
よなぁ
梅桃大学経済学部《ばいとうだいがくけいざいがくぶ》
に通う、平凡《へいぼん》な
大学生になった

メディカ
あの時の職場《しょくば》体験《たいけん》のことは、あまり覚えていない
よろしくお願いします
割《わ》り当《あ》てられた株式会社メディカルは
ここでは最新の技術でワイヤーを…
医療機器《いりょうきき》の製造販売《せいぞうはんばい》をしている会社で
ワイヤー…
あの頃《ころ》あこがれていたカメラマンやミュージシャン
ゲームクリエイターやデザイナー
そういうものとはかけ離《はな》れていて
YOUTUBO
尾上
山野
その仕事の本当の意義《いぎ》や
検品作業体験中
楽しいのかなぁ…
そこで働くことのやりがいも理解できないまま
山野
尾
株式会社 メディカル
職場体験は、なんとなく終わった——

3日間の職場体験《しょくばたいけん》、お疲《つか》れさまでした
世の中の役に立つすばらしい会社で貴重《きちょう》な体験をして
僕も将来は、世の中の役に立つ仕事につきたいと思いました
ありがとうございました
最後に思ってもいない言葉で感謝《かんしゃ》を伝えたことは――
将来に役立つとてもいい経験ができました
小さなトゲとなって心に刺《さ》さったままだ
そして今、知識《ちしき》も、意欲《いよく》もないまま就職活動《しゅうしょくかつどう》をするはめになっている
そういえばあいつ、公務員試験《こうむいんしけん》の準備してるって聞いたなぁ…
公務員試験

カン
カン
カン
自分の働き方を考えて準備してきた人たちと
競争《きょうそう》しなくてはいけない
朝からとばすぞ相棒《あいぼう》!!
梅桃大学サイクリング部
ぼんやりした「夢《ゆめ》」に期待《きたい》していただけで
自分に何が向いていて何ができるのか
わからないままスタートをきってしまった俺《おれ》
どのくらい差《さ》ができているのだろう
今のところ、アプローチした会社からの返事は一つもない

これから!
これから!!
まだまだ時間はあるさ!!
シャー
おはよー
おはよー
厳《きび》しいのは分かっていた。
けど、どこか他人事《ひとごと》で、
自分はなんとか
なるんじゃないかって
漠然《ばくぜん》と思っていた
駐車禁止
タタッ
講義室
おっす
おう!!
昨日《きのう》、無事《ぶじ》
だったか?
無事、無事!
ちゃんと自分の部屋で
目が覚めた
絶対、路上《ろじょう》で寝《ね》てん
じゃねーかと……
まさかっ!?
俺そんなに
飲んでたっけ?

シッシッ
ペコペコ
飲んでたなんてもんじゃネーよ。飲んで暴《あば》れて店をつまみ出されたの覚えてねーのかよ
酔ってねーよー!
そうだったかなぁ……
出入り禁止になったよっ
そうだよっ!!
……ん
……ま、あんま焦《あせ》んなよな
え?
俺《おれ》だって苦労続きだよ
旅行の企画《きかく》したいと思ってて、旅行代理店を狙《ねら》ってんだ。
でも、人気の業種だからなぁ……
俺は、今までやりたいことなんて考えたことなかった
自分は何が得意で何が向いているのか、全然分からない
みんな、いつかは自分の道を見つける
その時、俺はみんなの背中《せなか》をひとりで見送ってるんじゃないのか……
俺は俺の行く道をどうやって探《さが》したらいいんだろう
この先、どうなるんだろう。まだ分からない…

できたー!
ふふゥ
クンクン
ほのかにシナモンの香り♥
ニュ〜…
たんじょうび おめでとう♥ パパ
よしっ
ガサ
ガサ
たんじょうび おめでとう♥ パパ
キュ!
たんじょうび おめでとう♥ パパ
いっちょあがり!
これで娘の株《かぶ》をあげるのだ!!
パン!
※就活用《しゅうかつよう》に、アリスのコート!! お・ね・が・い・パ・パ
…て、あっ!
遅刻《ちこく》するー
ドドドド
バタ
バタ
バタ
キャーキャー

※就職活動のこと。

トーントーン
なんだなんだ? 朝からバタバタと…
行ってきまーす!!
まったくなぁ・・・
ハァ…
ん?
智恵《ちえ》…
ぶわっ
パパは、パパは…
うれしいぞーっ!!
私は菅野智恵《かんのちえ》。梅桃《ばいとう》大学文学部に在籍《ざいせき》
作戦成功!!
就活《しゅうかつ》を始めてはいるけれど…
メーカーで経理《けいり》をしている父の勧《すす》めもあり、就活の役に立てばと、簿記《ぼき》3級を取った
でも3級じゃね…。経理学校の専門生ならみんな2級持ってるし

だいたい、経理の仕事って面白いのかなぁ……
それより、大好きなお菓子《かし》作りに関係する仕事ができたらなぁ
パティシエとか、そういうのは向いてないけど
私にとってお菓子は、心に幸せエッセンスをプラスする魔法《まほう》のカケラ
小麦粉《こむぎこ》とバター、甘《あま》ーいお砂糖《さとう》…お菓子を作ってる時、私は魔法使いになれる…なーんてね
オハヨー!
おはよー!!
私のお菓子で誰かをちょっぴり幸せにできたら魔法は成功
あ、これ食べて今朝焼《や》いたんだっ
うわぁ! やったぁ!
へへっ♥
お菓子に関係のある仕事がしたい
商品開発なんか最高なんだけど…
あとでねー!♪
応募《おうぼ》した8社のうち実際に会社に行けたのはたったの1社。その1社も、周《まわ》りの人に圧倒《あっとう》されて何も言えなかった…
まだ始めたばかりだからと思うようにしてるけど、ちょっぴり不安になってきた今日この頃《ごろ》……

3番線
ホームに……
……ツリ
白線の……
小林《こばやし》…？
小林君!!
ん？
ニョキッ!!
俺の名前は
小林真《こばやしまこと》。
梅桃《ばいとう》大学
法学部に在籍《ざいせき》
久しぶり〜
大国《だいこく》！
元気そうだねー。
こいつは、俺の天敵《てんてき》。
予備校で一緒《いっしょ》だった、
予備校一嫌《いや》なヤツ。
一流大学に
現役合格した
俺、学校に
遅《おく》れるから！
じゃっ！
模擬《もぎ》テストじゃ、
俺が上なこと
だってあったのに
ちょ、
ちょっと
待ってよ…
手に持ってるの、
それ、就活の本……
でしょ？

……
それなのに俺は、大学受験に失敗。第二希望にも落ちて、浪人《ろうにん》する余裕《よゆう》もなく、第三希望の大学に入学
就活……苦労しているみたいだね
そういうお前はどうなんだよ！
あ、僕？
僕はほら、選んでもらうっていうより
こっちが選ぶ立場だから
あ、そ……
世界で一番嫌《きら》いな奴《やつ》と、ばったり会うなんて……
じゃあな…
頑張《がんば》れよ
梅桃大学じゃ大変だろうけど
本当に最悪な朝だ
もしこのまま、就活も失敗してしまったら
きっと、ああいうムカツク奴《やつ》にでかい顔され通しの人生になるだろう
だから俺は、あきらめない。今度は、絶対に!!
そうさ、失敗しても次にチャレンジするまでだ

おっ
あ♪
ようっ
なんか久しぶりだな! たまには部室に顔出してる?
就活《しゅうかつ》をはじめてからぜんぜん…
俺は、どんだけ忙《いそが》しくても『輪《わ》』にルポだけは出してるぞ!
俺《おれ》も愛《いと》しのMY自転車《バイク》で走りたくてたまんない
おれもーっ
就活終わったら・・・また智恵ちゃんと峠越《とうげご》えしたいなー
あたしもみんなと早く走りたーい!
小林は、智恵ちゃんとだけかよー
尾上はどうでもいいし
ねー。

久々に一緒にランチしよーよ！
それにクッキーたくさん作ってきたからもらってー！
クッキー!! すげーほしい！
おおっ！
実は就活用《しゅうかつよう》のスーツ買ったおかげで今月カツカツ、
ろくなもん食ってなくて
オレに糖分を……
ヨロロ
なにーーーっ！ お前が就活用のスーツ!?
なんか……似合《にあ》わねぇ……
わ、笑《わら》うなーっ
くく
すごーい。自分で買ったんだー。私、親に助けてもらっちゃった
え
……て、ことは……
尾上も智恵ちゃんも、もう何社か面接《めんせつ》に行ったんだ
さっ
そそくさ…
早くしないと席なくなるぞ
うん。座《すわ》ろ、座ろ
……そうかぁ、やっぱり小林は大企業に絞《しぼ》ってんのか……

小林君なら大丈夫《だいじょうぶ》だよー。いいゼミに入ってるしクラブでも…
我《われ》らが部長だしね！
体育会系でイケメン。話もうまいし、好感度バッチリだよな
うまぃ！
それがねぇ～簡単《かんたん》じゃないんだよなぁ
そうそう。俺なんて、アップのつもりで、とりあえず分かりやすい有名どころ選んでみたんだけどさ……
もうっ……全敗《ぜんぱい》だよ
私だって製菓《せいか》会社で探《さが》してるけど……
高望《たかのぞ》みしてるつもりないのに全然だめだよ
なんでなん？
資格《しかく》もないし、特技もないし…。個性がないとダメなのかな
少しウソをつくくらいに自信を持ってアピールしないと、だよ！
俺《おれ》も、何をアピールすればいいかわかんないや……
あは…
この頃《ころ》、自信なくなっちゃって……不安になってきちゃったよ……
はぁ…
行きたい業種が見えてるだけすごいよ、智恵ちゃんは
俺、全然決まんないもん。やりたいことも、分からない。情報が多くて混乱《こんらん》するばかりだよ

パク。
お前ってホント何やっても優柔不断《ゆうじゅうふだん》な！
ちょっ
やべっ
就活っていうのはさぁ！一生の仕事が決まる一大事なんだぞ!!
パッと簡単に決められるほうがおかしいだろうが！
そんなエラそうに言うんだったらな…
小林!!
なんかもぅーちょっといいアドバイスくれよ～～っ
たのむよ～
アドバイス…
あ…
そう言えば……
何？ 何かいいアドバイスある!?
そ、そうじゃないんだけど……
この前、バス停《てい》でうちの学生が……
「就職活動やってるー？」
「やっと始めたとこだよー」
この子たちも就活中か……
「そうそう、就職部《しゅうしょくぶ》って行ってみた？」
「一応掲示板《けいじばん》はチェックしてるよー」

就職部
そうじゃなくて……あのボロい扉《とびら》開けて中に入ったことある？
なんかね、うちの就職部にすごいアドバイザーがいるらしいんだよー
就職活動で大事なことをすごく分かりやすく教えてくれるんだって！
うそぉ……？
就職部
どういうこと？
うーん…、ウワサ話を立ち聞きしただけだからよくわかんないんだけど……
でも、就職部の掲示板《けいじばん》を見に行ったけど…あまりパッとしない企業ばっかだったんだよな…
うちに来る求人票《きゅうじんひょう》なんて、ろくなのないさ、最初から期待してないよ
私も、あれならネットのほうがいろいろあっていいなーって思った……
そうかな？俺は行ってみたい!!ね、今から行ってみようよ!!

えーっ、マジで!?
よっしゃー!っ
チエちゃんさえまくりっ やったーーっ!!
ムダムダ!!
就活《しゅうかつ》は、
度胸《どきょう》と愛嬌《あいきょう》!!
それから器《うつわ》のデカさを面接官に見せられるか、否《いな》か!!
アドバイスなんて時間の……
え…
小林くんも行こうよー
チョンチョン
ね？ ね？
ね
ね
そう言われても、これからネットで……
頼《たの》む!! お前の度胸《どきょう》と愛嬌《あいきょう》と器のデカさを、この平凡《へいぼん》な俺たちにちょっとだけ貸《か》してくれっ!!
お前がいると心強いからさー!!
お願い
ねっ
まじかよ〜
オレ忙しいのに

この校舎《こうしゃ》、ホント古いな〜
初めて来たョ…
私はココ好き!!
ここだ…
わぁー
このドア、よく見ると……
古いけど、伝統《でんとう》を感じる

ギイー……
ガチャ
はあっ
いいから早く
入ろうぜ……

スク！
ようこそ、就職部《しゅうしょくぶ》へ！
どうぞ入って！
カツ
スーツ決まりすぎ・・・。
イ、イケメン・・・
あ、
いや…
さぁ！ソファーへどうぞ
ホラホラ
……
キョド
キョド
お茶を飲んで落ち着いて
勇気を出してよく来てくれましたね
な・・・長そう・・・

さて−.
就職部
アドバイザーの
夢野輝《ゆめのあきら》です。
よろしく！
あ、僕は尾上《おのうえ》…
えと、えと…
菅野《かんの》です
あ、どうも
みなさん、
それぞれ
悩《なや》みを持って
ここへ
いらっしゃっている
ようですね？
あ、
えと
あの……
あ、
は、はい……
顔に書いて
ありますよ
ハハ
就職活動に
悩《なや》みは
つきものです
初めての就職活動、
誰もが不安や迷《まよ》い、
また気負《きお》いを抱《かか》えなが
ら活動しています
それは当たり前。
仕事選びは、
一生を左右する
大きな分岐点《ぶんきてん》です
ここで
……
アドバイスを
もらえるって…

マサカ!
いいアドバイスって何だよ
……
はぁ…
……
ここは、みなさんの就職部です
これから、みなさんが自分に自信を持って就職活動を進めていけるように手助けしていきます
ついてきてくれますか?
え……
あ……
は、はい
この人、他人の人生だと思って真剣《しんけん》じゃないんじゃ…
ニコ!
ドキッ
では、みなさんのことを知りたいので、簡単《かんたん》なプロフィールを聞かせてください

第1部

会社に勤めるには、就職活動をしなくてはいけない。

BOKUTACHI HA
MADA
SHIGOTO
NO KOTOWO
NANIMO SHIRANAI

第1章
就職活動の目標
フム
サラ サラ
フム
ねー!? 私、うまく言えてた?
OK OK

分かりました。どうもありがとう
ところで、みなさんは、これまでどういう就職活動をしてこられましたか?
どんな活動……?
※差《さ》し支《つか》えなかったらエントリーした会社を教えてください
じゃあ尾上君から…
え
僕からですか?
いや、あの……と、とりあえず
出してみただけなんですけど…

ええと…
東京公通公社《とうきょうこうつうこうしゃ》
関東日本《かんとうにほん》ツーリスト
日本電器《にほんでんき》
味《あじ》の基《もと》
夕日《ゆうひ》ビールに……
それとそうだ四菱銀行《よつびしぎんこう》もだ!
全部で20社くらいエントリーしました
いいトコばっかだな…
私は……
江戸製菓《えどせいか》、
グルコ、永森製菓《ながもりせいか》
ペコ屋《や》に山田食品《やまだしょくひん》
タイガー菓子《かし》……などです
俺《おれ》は…
まぁ、いろいろです。今日は二人の付《つ》き添《そ》いで来ただけっすから

※就職希望の出願をすること。多い人で100社以上にエントリーすることも。

そうですか
みなさん頑張《がんば》っていますね
どこも、とても素晴《すば》らしい会社です
へへ……
それで、
どうでしたか？
そ、それがいまいちで……
※書類で落ちちゃうことが多いんで……
なかなか会ってもらえないんです……
セミナーや説明会に参加しても、集団面接みたいで
何かあんまり相手にしてもらえてない感じだし……
ガックッ
実は、今のところ全滅《ぜんめつ》です……
私はセミナーに1回だけ行ったんですけど……
質問も発言もできなくて、結局、行っただけになってしまいました

※全員が入社試験を受けられるわけではなく、書類審査《しょるいしんさ》でふるいにかけられる。

ABC商事(株)
うーん そうですか……
ここだ!! っていう、行きたい企業もだんだんなくなってきて……
有名企業は入るのが難しいと思うし、何を目標にすべきかもよく分からないし…
正直、自分に合った企業が分からない……
って感じです
私も……
少し自信なくなってきちゃって……
チエちゃん…
やっぱり、やりたい仕事じゃなくてもいいかなぁって
思ったりも…
ふむ…
そうですか
「有名企業」、「やりたい仕事」は難しそう…
かと言って、何を目標にしていいか分からない……
……
困《こま》りましたね
どうすればいいんでしょうか?
え。

どうすればいいかって…
あの…それを教えてもらいに…
この人、だめだ！だからこんなとこ来たくないって……
では、みなさん
人が幸せな仕事人生を歩んでいくために必要なものは、何だと思いますか？
幸せな……仕事人生？

ボソ……
俺《おれ》は…
俺が大切だと思うのは
大企業といわれる会社に入って、
安定した仕事と収入を得ること、
社会的地位を築《きず》くこと、です
なるほど
尾上君と菅野さんはどうかな?
幸せ、ですか…
うーん…なんだろう?
やっぱり好きな仕事ができることかなぁ……
そうですね
そういったことも大切なものの一つと言えます
でも、もっと根本的《こんぽんてき》で大切なことがあるんです
たしかに、有名な企業ややりたい仕事も目標の一つになるでしょう
でも、人が幸せな仕事人生を歩んでいくためには、二つのとても大きな、そして不可欠な条件があります

それは「自分の能力を最大限生かす」ということ
それから「職場の人間関係」です
そんな精神論《せいしんろん》を言われても。僕ら、いや僕は、「自分の能力」が何なのか分からなくて……
そもそも、自分に何か能力があるのか……
社会に出て何か役に立てるのか
それが分からないから不安なんです！
大丈夫《だいじょうぶ》!! それは心配ありません
人間は誰でも人の役に立てる素晴《すば》らしい能力を持っています
自信を持ってください
自己分析《じこぶんせき》や適性検査《てきせいけんさ》はしたのかよ？
も、もちろん！やってるよ!! でも……
そっか！自己分析や適性検査で、自分の能力が分かるもんね!!

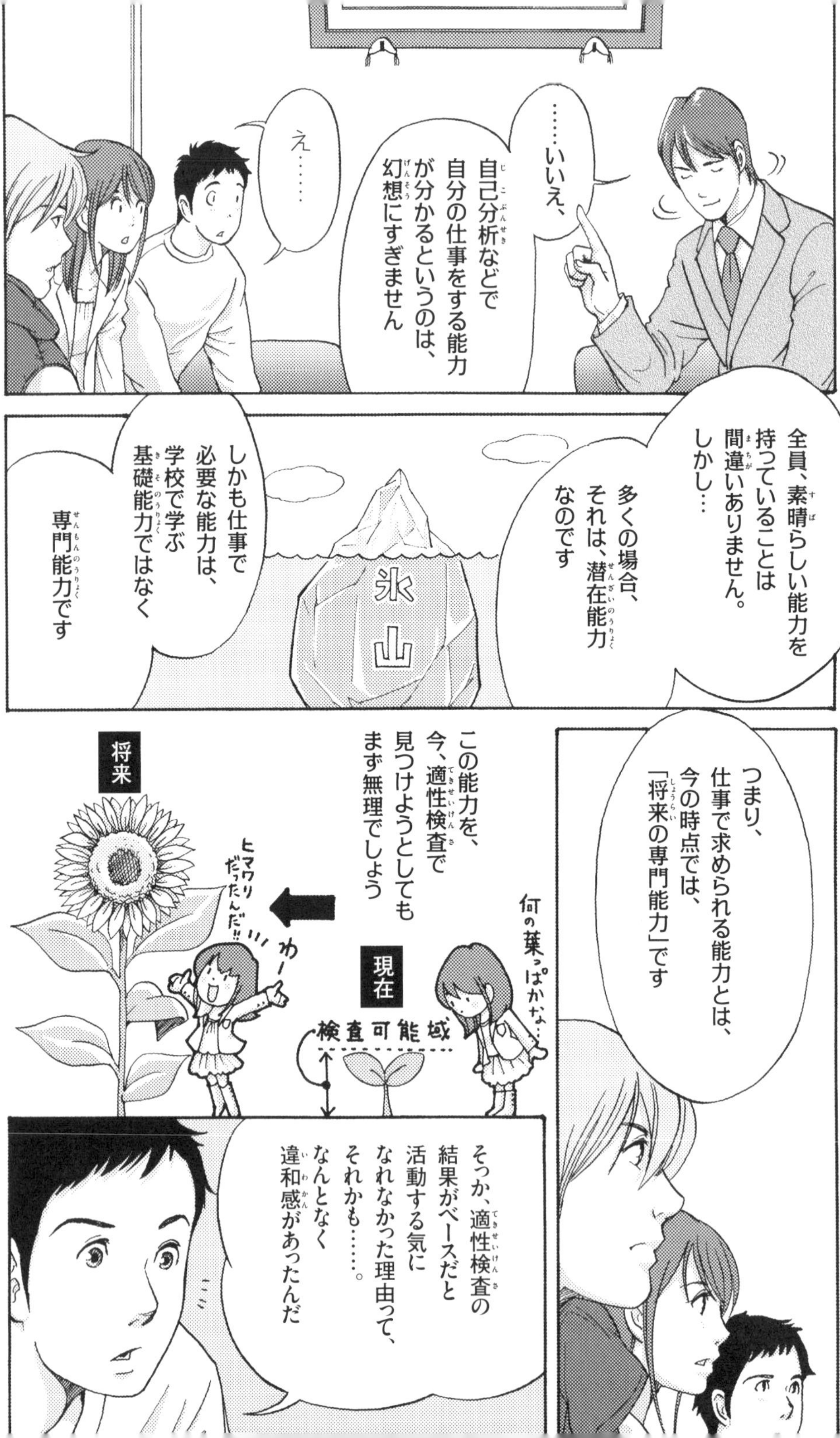
……いいえ、
自己分析《じこぶんせき》などで自分の仕事をする能力が分かるというのは、幻想《げんそう》にすぎません
え……
全員、素晴《すば》らしい能力を持っていることは間違《まちが》いありません。しかし…
多くの場合、それは、潜在能力《せんざいのうりょく》なのです
氷山
しかも仕事で必要な能力は、学校で学ぶ基礎能力《きそのうりょく》ではなく
専門能力《せんもんのうりょく》です
つまり、仕事で求められる能力とは、今の時点では、「将来《しょうらい》の専門能力」です
この能力を、今、適性検査《てきせいけんさ》で見つけようとしてもまず無理でしょう
将来
ヒマワリだったんだ!!
わー!
現在
何の葉っぱかな…
検査可能域
そっか、適性検査《てきせいけんさ》の結果がベースだと活動する気になれなかった理由って、それかも……。なんとなく違和感《いわかん》があったんだ

ほとんどの人は、自分の仕事に対する能力が、今は分からない
だから、焦《あせ》る必要はありません！
実際、今、幸せな仕事人生を歩んでいる人の多くが、
学生の時は思いもしなかった能力を発揮《はっき》して仕事をしているものです
そう言えば、うちの父親、産業機械《さんぎょうきかい》メーカーの経理《けいり》をやってるけど
若い時は、営業《えいぎょう》で、ずっと外回りを
やっていたって、言ってた
いやー
あの頃頑張ったなー
大学は就職予備校じゃないって
うちの親も言ってた
うーん……
でも、能力が分かる人もいますよね
MATURO
53
MG
マツローなんか、小学校の作文で「メジャーでプレーしたい」って書いていたし、
最初から野球選手としての能力が分かってたんじゃ…
たしかに、若いうちに自分の仕事をする能力が分かる人もいます
在学中に作家デビューした人、
伝統芸能《でんとうげいのう》の家に生まれて、小さい頃《ころ》から舞台《ぶたい》に上っていた人
スポーツ選手なども……

要《よう》するに早咲《はやざ》きの人もいるということです
早くから、社会に認《みと》められる能力が芽吹《めぶ》いているならそれを目指せばいいでしょう
しかし、そうでない人は多いはずです
そうでない人が、目標を絞《しぼ》った就職活動をしてもまだ分かっていない自分のポテンシャルにフタをすることになるかもしれない
僕はまだ、能力が分からないタイプだと思います……
はい、私も…
……
しょぼん…
うーん…
お菓子…
大丈夫《だいじょうぶ》！
ほとんどの人は、自分の仕事をする能力は今は分かりませんから
早咲《はやざ》きの人は少数です
今、仕事をする能力は分からなくてもいいんです
当たり前のことですから、自信をなくす必要はありません

ただ、
自分の仕事をする能力が分からないうちに進路を決めなくてはならないこと……
それが新卒就職《しんそつしゅうしょく》の難《むずか》しいところであり、奥《おく》の深いところだ…
と、
心に留《と》めておいてください
それは、そうかもしれないけど…
俺たちに残された時間は、限《かぎ》られてるんです……
小林？
二人だって本当は思ってるだろ！もっと具体的なアドバイスが欲しいのにって!!
今の俺たちに必要なのは、精神論《せいしんろん》じゃなく
すぐに使えるテクニックなんです
効果のある面接の方法とか、準備すべき知識とか!!
だから…すいません、先生
俺には、今、心構《こころがま》えからやってる余裕《よゆう》は……
焦《あせ》らないで、小林君
小手先《こてさき》のテクニックでは、決していい仕事には出会えません

仕事人生に大切なのは、「自分の能力を最大限に生かすこと」
しかし
現在のみなさんにとって、それは潜在能力《せんざいのうりょく》であり、今は分からない
これこそが、「就職活動における現実」です
この現実を無視《むし》し、
今の興味《きょうみ》や能力を過剰《かじょう》に重視して
その仕事を強引《ごういん》に追《お》いかける活動をすれば、
努力とは正反対に、
悩《なや》み、迷《まよ》い…
「ミスマッチ」の仕事につくことになってしまいます
小林、俺は先生の話をもっと聞いてみたいな
まあ、座れよ…。
尾上…

あ、あの……
結局、どんな会社に入っても自分次第《しだい》ってことですか?
どんな会社でも、一生懸命《いっしょうけんめい》やれば、幸せな仕事になる、ということですか?
だとしたら、就職活動の意味って…
自分の能力や方向性は
働きながら30歳くらいまでに分かれば十分でしょう
しかし注意すべきはこの能力はただ頑張《がんば》って働いていれば
自然に分かるものではないということです
……
むしろ、自分の能力を開花させることはとても難《むずか》しいことです
事実、何歳《なんさい》になっても…
あるいは最後まで、
自分の最も得意な能力が分からない人
専門能力が身につかない人、
そういう人は、たくさんいます……
これでは、幸せな仕事人生にはなりません

※転職などではなく、大学や高校を卒業してすぐに就職する人。

そうか……
上島《うえしま》さん!!
経理職《けいりしょく》募集《ぼしゅう》のA株式会社とB株式会社の求人票《きゅうじんひょう》をいただけますか?
少々お待ちを!
さぁ、どうぞ
ありがとうございます

求人票

社　名	A株式会社
所在地	東京都千代田区
資本金	１億円
業　種	食品卸
職　種	経理
資　格	日商簿記３級以上
給　与	２０万円
休　日	完全週休二日制

求人票

社　名	B株式会社
所在地	東京都千代田区
資本金	１億円
業　種	運輸
職　種	経理
資　格	日商簿記３級以上
給　与	２０万円
休　日	完全週休二日制

この2社、業種以外、ほとんど同じだ……
その通り！
二つの求人票《きゅうじんひょう》、どちらの会社が自分の能力をより引き出していけそうでしょう？
私なら、運輸業《うんゆぎょう》より食品卸業《おろしぎょう》を選びます
この二つのどちらかっていうなら、僕も、食品卸業《おろしぎょう》のA社を選ぶと思います
分かりました！
では、実際に、それぞれの人事担当《じんじたんとう》の方に電話して話を聞いてみることにしましょう
ピッ
ピ
ピ
ピ
し-.
プルルルルル……
プルルルルル……
ガチャッ
ハイ!! A社ですが!!
ビクッ!

もしもし
梅桃《ばいとう》大学就職部の夢野《ゆめの》と申します
この度《たび》は、我《わ》が校に求人票《きゅうじんひょう》をいただきまして、ありがとうございます
おー!。
いやー
どうもどうも、電話、待ってたんですよー
うちに来そうな人いますかねぇ?
……
いや、実は御社《おんしゃ》の求人票《きゅうじんひょう》公開にあたり、
どんな人材を求《もと》めていらっしゃるか、
具体的にお聞きしたいと思って電話いたしました
あーなるほど。いやー、うちは社員に優《やさ》しい会社ですよ!難《むずか》しい仕事なんてさせません。簡単《かんたん》な仕事ですよ
総務へ回して
コレコレ
伝票《でんぴょう》切って、帳簿《ちょうぼ》つけて、電算入力《でんさんにゅうりょく》してくれて、銀行にお使いに行ってくれれば十分!!

実は、経理担当の前任者《ぜんにんしゃ》の子が突然《とつぜん》辞《や》めちゃいましてね……とにかく人手がなくて困《こま》ってるんですよ！
そうですか。では、資格《しかく》はどういったものが必要ですか？
簿記《ぼき》の3級があれば十分ですよ。正直、こちらも難しいことを教えるのはシンドイですから最低限《さいていげん》のことができれば大丈夫《だいじょうぶ》
で、いつから勤《つと》められます？
チンー・・・
…………
さぁ！次はB社に電話しましょう

B社
ガチャ!
お待たせいたしました。B株式会社でございます
はい、前向きな方を希望しています
うちは新入社員にどんどん高度な仕事を任《まか》せていきます
いろんな仕事を経験してもらい、幅広《はばひろ》い知識を身につけ、ゆくゆくは会社を支えてくれる経理マンになってもらいたい
ですから、厳《きび》しく育てていきたいと思ってます!
なるほど!
でも、そんなことに負けずに仕事にチャレンジできる学生が欲しいです
適性《てきせい》と意欲《いよく》、やる気があれば資格は3級でも構《かま》いません
仕事はこちらで教えていきますから!!
ボー…ゼン

いかがですか?
どちらの企業が入社後、自分の能力をより引き出していけそうだと思いましたか?
B社です
……B社なら、私の簿記《ぼき》3級の資格も、2級、1級って、ステップアップしていけそうに思いました
うん
だな……
そうです。この場合、
A社は補助《ほじょ》社員の募集《ぼしゅう》、
B社は基幹社員《レギュラー》の募集なのです
B社のような企業は、「やりがいのある企業」と言えるでしょう
そうか!!
「自分の能力をより引き出していける企業」って、つまり自分に期待《きたい》してくれる企業だ!!

コク！
要するに、大切なことは、
会社からの期待や、仕事のレベルです
つまり、「あなたを基幹社員《レギュラー》として採用《さいよう》しましょう。あなたに期待します」
という企業に入ってほしいのです
逆《ぎゃく》に、「誰でもできる仕事だから、代《か》わりはいくらでもいるよ」
という会社では、将来が心配です
そして、自分をより高く評価してくれる企業で仕事をすることは、喜びにもつながる
それによって自分の能力を引き出すことができるし、
おのずと会社に行くのが楽しくなります
つまり、それこそが
みなさんが目指すべき大きな目標だと思います

俺、なんか分かってきました！
私もっ！まず電話や企業訪問《きぎょうほうもん》で、どんな企業か知ることが大切だね
まぁ、たしかにターゲットがクリアになった気はする…
でも……俺は、どうしても有名な企業に行きたいから……
今日はそろそろ…
幸せな仕事人生を歩むための条件…まだ一つ目しかお話ししてませんね
あ、そうだ……
忘《わす》れてた…
大切なのは、「自分の能力を最大限生かす」ことと、そしてもう一つは、「職場の人間関係」だと話しましたね
ガタッ
え！まだあるんですか!?
コク
はい!!
だから、俺は!!
もう少し頑張《がんば》りましょう

ハッ
そうだよ、もう少し もう少し 小林君
うるっ
だって…ネットエントリーの〆切りが…
はい…
ボイ
でも先生、
「職場の人間関係」って、具体的にはどういうことですか?
?
そうですね。学生だと、まだイメージがわかないでしょう
会社では、毎日同じメンバーと顔を合わせ、そのメンバーと団結《だんけつ》、協力して
一つの仕事を達成していきます。ですから、
いい仕事をしていくためには、職場の人間関係は極《きわ》めて重要です
会社の仕事って、チームワークって感じなんですね
そう! だから、みなさんには、いいチームワークの中で、つまり、「人間関係のいい企業」で働いてほしいと思います

でも…
人間関係なんて、会社に入って初めて分かるものじゃないですか？
そうそう、
バイトでもしてみたら、社内の雰囲気《ふんいき》が分かって人間関係も見えてくるかもしれないけど
先生
人間関係のいい企業って、具体的に、どういう企業のことなんですか？
「人間関係のいい企業」とは、ズバリ、※人間性の高い社員が集まっている企業、つきつめれば人間性の高い企業です
イメージできますか？
イメージ…
尾上くんわかる？
人間性…人間性…
ん〜
・・・・・・・・・・・

※品性の高い社員、人柄・性格のいい社員。

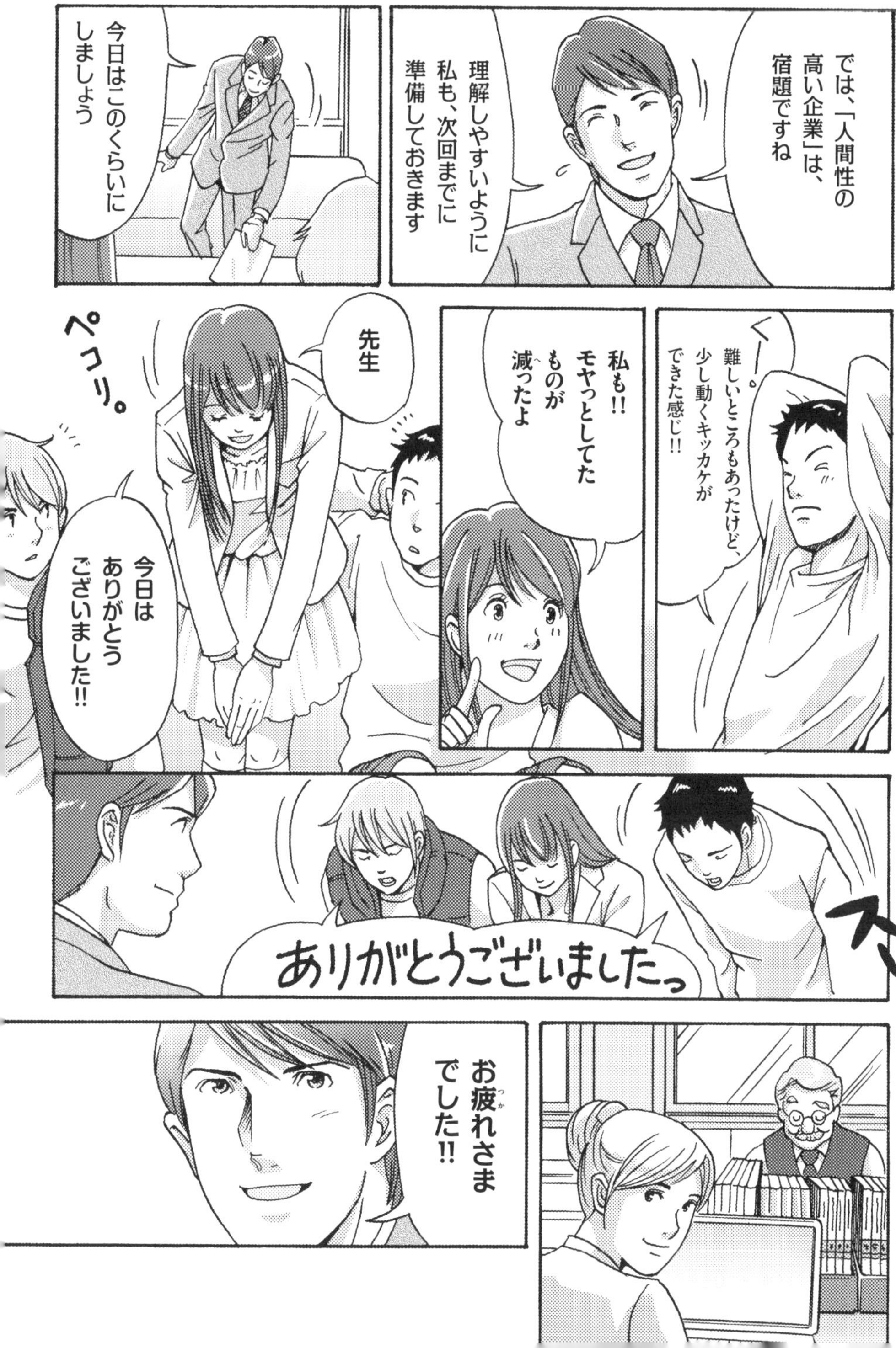

では、「人間性の高い企業」は、宿題ですね
理解しやすいように私も、次回までに準備しておきます
今日はこのくらいにしましょう
くー。
難しいところもあったけど、少し動くキッカケができた感じ!!
私も!!モヤっとしてたものが減《へ》ったよ
先生
今日はありがとうございました!!
ペコリ。
ありがとうございましたっ
お疲《つか》れさまでした!!

数日後――
荒波食品株式会社《あらなみしょくひんかぶしきがいしゃ》本社ビル前
う、うわぁ…
荒波食品《あらなみしょくひん》って大きいなぁ
社会見学のつもりでリラックスして来てくださいって、夢野先生は言ってたけど……
やっぱりちょっと、緊張《きんちょう》するよね……
俺は結構《けっこう》本気の就活《しゅうかつ》のつもりだぜ
先生、「人間性の高い企業」を実感してほしいって言ってたけど
荒波食品の部長に会わせてもらえるチャンス! 無駄《むだ》にする気なんて……
部長じゃなく、部長代理です、小林君
そうそう… あ!
夢野先生! おはようございますっ!!
おはようございます。さぁ、行きましょうか!

ご紹介《しょうかい》する清水《しみず》さんは、
人事の方ではありません。
実際《じっさい》の仕事のことを
聞いてみてください
ガァッ
アホぅ！
弱気になんなよ！
ねじ込め、
ねじ込め!!
とにかく、
言われた通りに
やれよ！
俺に電話する前に
動くんだよっ！
なっ!!
ハイ！
チッ！
P!
すいません
じゃねぇだろ
ボケが!!
ん？
清水!!

おお、夢野！
やぁ、相変わらずバリバリやってるな！
すっかり先生が板についてるな!?
君も、元気そうだな
今日はお世話になるよ
ジロジロ
ザ・就職活動！って感じで、初々《ういうい》しいね～っ！
……

噂《うわさ》に聞く、荒波食品の強引《ごういん》なイメージにぴったりすぎね。この人……
コソ…
そう？♪
なんか、オーラがある！すげー人かも♪
え…小林…て、いうかさ…
………
しかし驚《おどろ》いたなぁ！あの夢野が、まさか梅桃《ばいとう》大学の就職部なんかに行《い》っちまうなんてな！お前なら……
チラ
輝《かがや》いてるねぇ～
・・・・・・・・
キンチョー。
とてもやりがいのある仕事だよ。毎日が輝《かがや》いていると言ってもいいくらいだ
彼らにいろいろと教えてやってください
さぁ、自己紹介！

んで、今日は？この3人をうちの会社で採《と》れって話か？
彼らはまだ、就職活動を始めたばかりで何も決めてません
今日は荒波食品での主《おも》な仕事内容や、仕事をする上でのモットー、求《もと》められる人材などをうかがいたいのです
おいおい……その堅苦《かたくる》しい話し方はやめてくれよ～。俺たち同期なんだからさ～！
へ？
ど、同期？
先生と清水さんが？
あれ、何も知らんのか
俺と夢野は、鶴亀物産《つるかめぶっさん》で同期入社だったのさ!!
つ、鶴亀物産《つるかめぶっさん》!?
夢野は海外プラントの開発などをやった後、本社の人事課長《じんじかちょう》に抜《ばっ》てきされてな。同期でも出世頭《しゅっせがしら》だったんだ
景気《けいき》が悪くて、暗い時代だったな
そうだな…

夢野は、無能な社員をリストラする鬼《おに》の人事課長《じんじかちょう》として有名だったんだぞ
無能な社員か……
セ、センセイが鬼？…
出世街道《しゅっせかいどう》を突《つ》っ走る夢野は、同期の羨望《せんぼう》の的《まと》さ！俺は悔《くや》しくってなー！
私のことより、君のことを話してやってくれ
そう、その頃、俺は食品卸《しょくひんおろし》にいたんだ…
俺はアジア中を飛び回り、確実に儲《もう》かるルートを築《きず》き上《あ》げた。当時、需要《じゅよう》が、より安いものへと動いていた頃《ころ》だ
食品も例外ではなかった。日本のノウハウと機械《きかい》を持っていってアジアで作れば、品質が良くて安いものができる！

絶対に売れる！
絶対に儲《もう》かる!!
そう確信した俺は、がむしゃらに頑張《がんば》ったよ
だけど
上司がどうしようもないバカでさ…
バーン！
ルートは準備万端《じゅんびばんたん》です！やりましょう！儲《もう》けましょう！
部長!!
たしかに…
値段の安さは魅力《みりょく》だ。しかし、安全面が保証《ほしょう》できない。
万一、事故が発生し、一度でも信頼《しんらい》をなくせば取り返しのつかないことになる
しかし
この安さなら大量に売れ、絶対に儲《もう》かります。牛肉入りハンバーグが一個30円ですよ！
消費者だって喜ぶはず。絶対にやるべきです！

……その価格《かかく》は
適正価格《てきせいかかく》とは言えない。
いくらなんでも安すぎる。
相手国にとっても不幸だ
く……
価格がキープできれば、日本の生産者も、安心を求める消費者も、我々《われわれ》商社も、ともに利益《りえき》を上げることができる
関係者すべての利益《りえき》を考えるのが、間に入る、我々商社の役割《やくわり》だ
しかし……
しかし、他社はみな、このビジネスモデルを展開《てんかい》しています!
でも、それは、我々《われわれ》鶴亀《つるかめ》のビジネスではない
ポン
失礼する
くっ!!

何が役割だっ！そんな賢《かしこ》い消費者がどれだけいるんだ!!
そんなんだから、鶴亀《つるかめ》は甘《あま》っちょろいって言われるんだっ！
くそっ！
ヒュ
コツ
清水《しみず》さんですね
はぁ？荒波食品《あらなみしょくひん》の輸入食品部《ゆにゅうしょくひんぶ》？

あなたは、独自《どくじ》のアジアルートをお持ちだそうですね。うちでは、あなたにふさわしいポジションを用意していますよ
荒波へ転職後《てんしょくご》は、俺の思い通りの仕事ができたよ。現地の委託工場《いたくこうじょう》を立ち上げ、
日本国内の販路《はんろ》もどんどん開拓《かいたく》! その後も、売りまくった。トップセールスさ
すごい!
清水さんみたいなビジネスマンになりたいです!
トップセールスなんて!!
ぜひっ
ビジネスの秘訣《ひけつ》を教えてください!
小林君…
ふふん、じゃ、ポイントを教えるぞ! 笑顔とトークと押《お》しだ
まずは、いい人のふりをするんだ。
とにかく御社《おんしゃ》に貢献《こうけん》したい、お手伝いしたいってな。
そしてアピールだ。
絶対に安全!
絶対に安い!
絶対に売れる!
必ず儲《もう》かる!
絶対に損《そん》はさせません!
……強烈《きょうれつ》にアピールだ

コクコク
食いついてきたら、さらに追《お》い打《う》ちをかけて説《と》き伏《ふ》せる。
ライバル商品よりこんなにいい、内容でも絶対に負けない、消費者もこれを求《もと》めている、それを数字を使ってアピールするんだよ
ズズ…
数字は、何とでもなる便利なものだからなぁ
なるほど
まぁ、基本《きほん》は、就職活動の自己PRと同じってことよ
はぁ?!
あとは、押《お》しだよ、根性《こんじょう》だよ！
商売相手に、毎日毎日プッシュだ
チーン チーン チン チン チン チン
バシバシ
お世話になります！荒波食品です！
すいませーんっ
また来たんですか……。うちはもう他社と契約《けいやく》してるんですよ…

ポリポリ
うちのほうが儲《もう》けは2割増《わりまし》です！お話させてくださいよ
社長は、儲《もう》けよりつながりを大切にしてるんですよねぇ…
だったら、うちとつながってくださいよぉ〜。もう、何度でも来ますよ！
ご契約《けいやく》をいただけるまでね
まさにビジネスの世界って感じですね！
うちはノルマが厳《きび》しいからな。必要なのは根性《こんじょう》だよ
あ、あのー、
ノ、ノルマが達成《たっせい》できない時はどうするんですか？
はあっ?!
そんな弱気でどうする?
根性で売るんだっ
……が、頑張《がんば》っても売れない時とか…
お前、しつこく聞くね
ハァー。

そういう時はなー、取引先の倉庫《そうこ》を片付《かたづ》けて、うちの商品を勝手にぶち込むんだよ！
えええ——!?
か、勝手に!?
もう倉庫に入っちゃったもんは、買うしかないだろ？
え……
ガッ
あのな！ビジネスっていうのはな、食うか、食われるか!! 甘《あま》ちゃんみたいなことやって
グローバル競争《きょうそう》に負けて、ボーナスが下がったら皆《みな》が損《そん》するんだぞ！
は、はいっ
グローバル?? ……結局、自分の損得《そんとく》じゃ？？
あ、あ、あの、私、あの……
なんだ、質問か!?
あの、私、お菓子《かし》作りが趣味《しゅみ》で、その、食品の安全について関心があるんですけど……そういうことって……
ドキドキ

外国の工場まで安全確認に行ってたら、経費《けいひ》がかかるだろ?
そういうのも、価格《かかく》に反映《はんえい》されるんだぞ!!
それで客が喜ぶか!?
……
要は、勝つための工夫をしろってことだ。それが努力ってもんだろ!
…
波乱万丈《はらんばんじょう》でかっこいいです。俺、努力《どりょく》します
ほかに質問は!
では、君が求《もと》める人材について教えてくれないか
人材ねぇ……ふ〜ん、そうだなぁ……

正義《せいぎ》だ、社会における役割だ、企業の人間性だなんだと、つべこべ言わない、根性《こんじょう》のあるやつ。結果を出すために、「覚悟《かくご》」ができる人間だな
……
こんなんでよかったのか?
ありがとう、清水
仕事、かなりハードみたいだが……体を壊《こわ》すなよ。俺《おれ》たちもすっかりいい年だ
だぁいじょぶ。
俺は夢野みたいに優秀《ゆうしゅう》じゃないさ。だけど、根性《こんじょう》じゃ負《ま》けない。俺には、「覚悟《かくご》」がある

この社会は、実力の勝負だ。
学校の偏差値《へんさち》なんて関係ねぇ。
チャンスは平等だ！
楽しいだろ!?
ですよね!!
本当に、いいお話ありがとうございました！
お前は、根性《こんじょう》ありそうだな。今度、うちの会社見に来るか？
本当ですか？ 是非《ぜひ》、うかがわせてください
さて、もう一人、会わせたい方がいます。もう少し、付き合ってくださいね
ハイ！
はっ、相変わらず、余裕《よゆう》しゃくしゃくな態度《たいど》をしやがって!!
同僚《どうりょう》もテリトリーを奪《うば》う商売敵《しょうばいがたき》。
社内に気を許《ゆる》せるやつはいねぇし、
ろくすっぽ家にも帰れねぇ。
体を壊《こわ》すな？
ふざけんな！
俺は人生かけて勝負してんだ。
夢野みてーな
「私こそ選ばれし人間です」てな顔で
楽に人生渡《わた》っていけるやつが、
俺は許《ゆる》せねぇ。
あいつにゃ、
いつか一泡《ひとあわ》ふかせてやらねーとな……
あの小林って学生、使《つか》えるかもな……

各種精密機械 部品
株式会社
村田製作所
なんか、ボロボロだなぁ……
さ、ここです!
(株)広丸工業所
こんにちは! 夢野です!!
夢野さん!
ヒョコ!
広丸工業所
すっかりご無沙汰《ぶさた》して! こんな下町まで、よくおいでくださいました!
どうぞ、入って、入って!

夢野さん、
それにしても、どうしてうちなんかに学生さんを連れてきてくださったんです？
実は、彼らが本格的に就職活動を始める前に、「人間性の高い企業」を実感してもらおうと思いまして
ここに来る前に、荒波食品《あらなみしょくひん》に移った清水《しみず》君にも会ってきたんです
！
あぁ
なるほど…
うーん
……実は、私も、もともと鶴亀物産《つるかめぶっさん》にいたんですよ
えっ!?
夢野さんが人事部にいたとき、夢野さんに…
キー
首を切られたんです

リストラです
その頃《ころ》、経理部にいた私は、
どうもさえなくてね…
実は私は、
○×大学出身なんです。
世間では三流大学と
言われる大学ですよ。
でも、そのころ叔父《おじ》が
鶴亀物産《つるかめぶっさん》でいいポジション
にいましてね
その叔父《おじ》のコネで
なんとか入れてもらっ
たんですよ。
鶴亀物産といえば、
数ある商社の中でも
花形だ。
同級生にもずいぶん
うらやましがられてね……
TURUKAME&CO.,LTD
入社した時は、
張《は》り切《き》ってたん
ですがね……
入ってみれば、
周囲《しゅうい》はほとんどが
一流大学出身者ばかり。
頭の回転は速いし、
仕事もできる
T大
K大
T大
K大
W大
不器用《ぶきよう》な私は
何かと遅《おく》れて
ばかりでね……
際野君《きわのくん》、
昨日頼《たの》んだ帳簿《ちょうぼ》の整理は
まだ終わらんかね？
あ、
まだ……
う～ん、もう少し
手際《てぎわ》よくやってもらえる
と助かるなぁ……

仕事は頑張《がんば》りました
際野さん、この帳簿《ちょうぼ》明後日《あさって》までにお願いします
みながやりたがらない、面倒《めんどう》くさい仕事も率先《そっせん》してやりました
ドサ
鶴亀物産で20年。たとえ地味《じみ》でも、コツコツ頑張《がんば》っていれば、いつか分かってもらえる、認《みと》めてもらえる、と信じてね……
コッ
コッ
コッ
キィ…
畑野君ニューヨーク支店
だけど、月日が経《た》つほどに、会社の中の私の居場所《いばしょ》はなくなっていきました

あれはもう、15年も前になるかなぁ、私が40をすぎた頃《ころ》です
すでに定年していた叔父《おじ》が亡《な》くなって…
その後、すぐに人事部から呼《よ》び出《だ》しが来ました……
人事部
コンコン
……
際野《きわの》さん、こんな時代です 我が社も数々の事業が縮小《しゅくしょう》されています
これから人事部は、大規模《だいきぼ》な人員削減《じんいんさくげん》に向《む》けて動き出そうとしています
……
その手始めが私、ということですか……
希望退職《きぼうたいしょく》に応募《おうぼ》しませんか？ 今なら、退職金も少し多めに出ます
リストラですか……
実は我《わ》が社《しゃ》の間接的《かんせつてき》な取引先が、優秀な経理マンを探《さが》していましてね。
小さな工場ですが、とてもすばらしい仕事をしているところです。もちろん、待遇《たいぐう》は……今と同じ、とはいきませんが、際野《きわの》さんの経理マンの腕《うで》があれば……
急にそんなこと言われても……

お返事《へんじ》は、1カ月《げつ》以内《いない》で大丈夫《だいじょうぶ》です
はい…
さくまや
さくまや
さくまや
ALTOS
誰も、私のやってきた仕事を見てはくれなかった……。
私の20年間の毎日を認《みと》めてはくれなかった
ド
……そういう思いがこみ上げてきました
どこ見てんだ!!
カチャ!!
あ……
メガネ…
グシャ!

パリー
くっ
夢野さんはその後、何度も私の所に足を運んでくれましてね……
決心がつきました。もう潮時《しおどき》だってことが分かりました
私も、少々疲《つか》れた……
では、この話を受けていただけるんですね？
……じゃあ、早速《さっそく》一緒《いっしょ》に行きましょう。……みなさん喜びます
喜ぶ？みなさん？
（株）広丸工業所

夢野さん！ 本当にあんたの会社の経理マンが、うちに？
まさか!!
ゾロゾロ……
うちで20年経理をしてきた際野です
際野《きわの》窓夫《まどお》と申《もう》します
パチパチ
パチパチ
パチパチ
際野は、巨額《きょがく》な帳簿《ちょうぼ》の1円の帳尻《ちょうじり》をあわせるような、緻密《ちみつ》で難《むずか》しい仕事を20年間キッチリとやってきた、実に誠実《せいじつ》な人間です。必ず、いい仕事をします
ほぉー
夢野さん、知ってたんですか……
そのとき初めて、自分の仕事を認《みと》めてくれていた人間が社内にいたことを知ったんです。暗く辛《つら》かった20年間が報《むく》われた、そんな瞬間《しゅんかん》でした
どうぞどうぞ!!
今日は祝《いわ》い酒《ざけ》だ!!

それからの毎日は、本当に充実《じゅうじつ》した、いい日々ですよ
でもまぁ…
大学を卒業する時、コネに頼《たよ》らず、もっと努力《どりょく》してれば…
こんなに遠回《とおまわ》りしなくて済《す》んだ。
鶴亀物産にいた頃《ころ》は、家に帰っても、毎日難《むずか》しい顔してばかりで、家族には迷惑《めいわく》をかけてしまいました……
小さな会社で不安になることはありませんか?倒産《とうさん》とか……
うちの会社は取引先にとても愛されている会社なんです。社長は、「この製品《せいひん》が世の中のためになる」と思えば、時には利益《りえき》そっちのけの仕事もする
いい職人《しょくにん》がいる工場は、たとえライバルでも助ける
私たち社員はそんな社長の心意気《こころいき》に共感して働いています。各人《かくじん》が力を出し合い、支《ささ》え合《あ》う。これこそ働きやすくて強い組織《そしき》です
そして私には、この会社を経理《けいり》の面から支《ささ》えている自負《じふ》があります

倒産《とうさん》なんて、私がさせません
カーカー
「人間性の高い企業」がどんなものか、分かりましたか？
最初に会った清水さん、私は好きではありません…
社会のルールを無視《むし》したような仕事を許《ゆる》す会社は、いくら有名な会社でも、「人間性の高い企業」とは言えないと思いました
有名な企業でなくても、人の役に立つ自分の能力を生かしていけたら、素敵《すてき》な人生だなって思いました……
それに、仕事には、いい仕事と悪い仕事があるんですね

仕事の中には、ないほうがよい、という仕事も、たくさんあります
今コレ買わないと損《そん》ですよ
その夢かなえてあげましょう
きちんとした就職をしないと、不誠実《ふせいじつ》な仕事に加担《かたん》してしまう危険性《きけんせい》が誰にでもあります
だまされる奴《やつ》が悪いのさ
自己責任《じこせきにん》だよ
正しい方向の仕事でなければ、その人は、幸せな仕事人生を歩んでいくことはできません
悪い能力は引き出さない、能力を悪いことに使わない、ということが大切です
当たり前のことですが、それが仕事の根本《こんぽん》です

いい仕事をするために大切なのは、「人間性の高さ」ですか?
そう。
自己中心的な企業は、他人を蹴落《けお》としてでも自分の企業だけ儲《もう》かればいいという発想になってしまいます
従業員《じゅうぎょういん》をできるだけ安く使い、得《え》た富《とみ》を一部の人が独占《どくせん》するような、社員格差《かくさ》のある会社もあります
嫌《いや》だな、そんな会社は……
他人の痛みに鈍感《どんかん》な企業は、仮《かり》に今、市場《しじょう》で勝っても、長期的に見れば、未来は明るくありません
ニャーン
先生、僕たち学生にとっての究極《きゅうきょく》のいい会社を、一言で表すとしたら……どんな会社なんでしょう?

そうですね。
一言で述《の》べるなら、「自分の大切な仕事人生を、安心して預《あず》けられる企業」ではないでしょうか
「自分の大切な仕事人生を、安心して預《あず》けられる企業」かぁ！
実際、企業に入ると、いろいろと思いもよらない出来事にぶつかります。配属《はいぞく》や、与《あた》えられた仕事が理想とは異《こと》なるということも、当然出てくるでしょう
そんなとき、人間性の高い企業に入っているのなら、「この企業や上司たちを信じて任《まか》せていけば大丈夫」と思え、心迷《まよ》わず、安心して、力強く働いていけるものです
うん……そんな会社なら、すぐに辞《や》めたくなったり、希望と違《ちが》っていてつまらなくなった、なんてことなさそうですね
人間性の高い人たちに囲《かこ》まれていれば、少なくとも「裏切《うらぎ》られた」とか、「やってられない」といった不平不満や早期離職《そうきりしょく》などは抑《おさ》えられるはずです

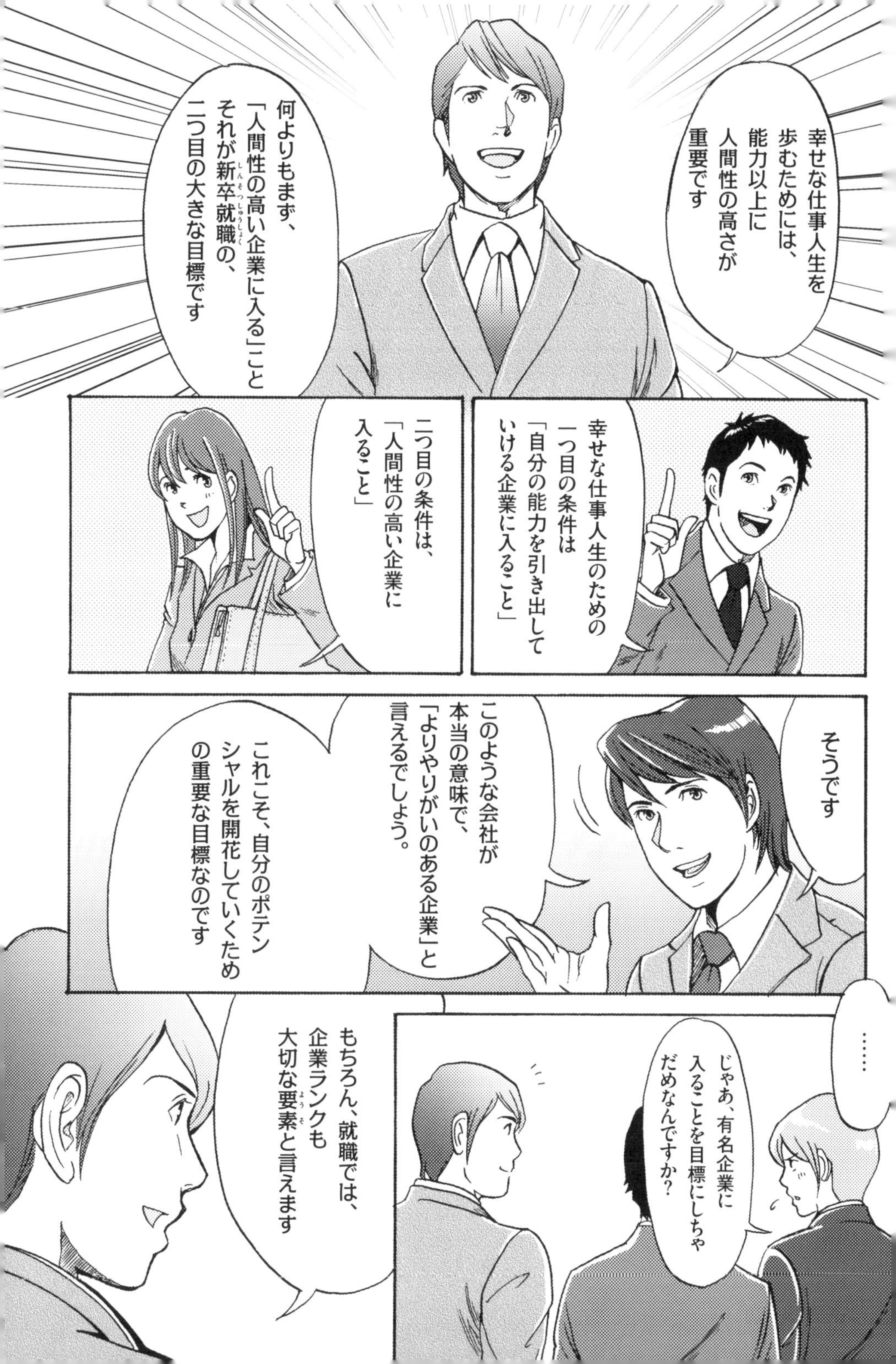
幸せな仕事人生を歩むためには、能力以上に人間性の高さが重要です
何よりもまず、「人間性の高い企業に入る」こと それが新卒就職《しんそつしゅうしょく》の、二つ目の大きな目標です
幸せな仕事人生のための一つ目の条件は「自分の能力を引き出していける企業に入ること」
二つ目の条件は、「人間性の高い企業に入ること」
そうです
このような会社が本当の意味で、「よりやりがいのある企業」と言えるでしょう。
これこそ、自分のポテンシャルを開花していくための重要な目標なのです
……
じゃあ、有名企業に入ることを目標にしちゃだめなんですか?
もちろん、就職では、企業ランクも大切な要素《ようそ》と言えます

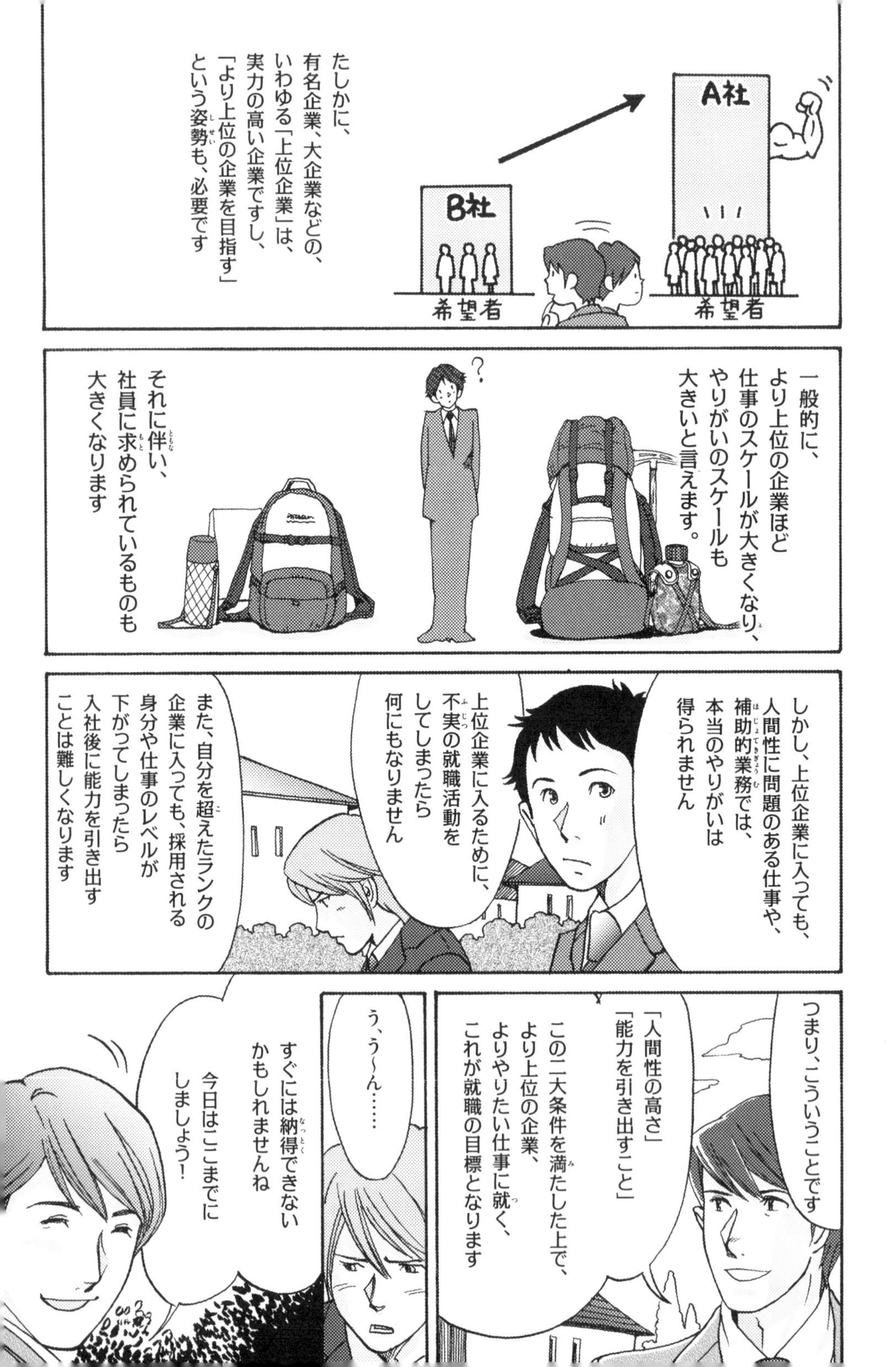

たしかに、
有名企業、大企業などの、
いわゆる「上位企業」は、
実力の高い企業ですし、
「より上位の企業を目指す」
という姿勢《しせい》も、必要です
A社
B社
希望者
希望者
一般的に、より上位の企業ほど仕事のスケールが大きくなり、やりがいのスケールも大きいと言えます。
?
それに伴《ともな》い、社員に求《もと》められているものも大きくなります
しかし、上位企業に入っても、人間性に問題のある仕事や、補助的業務《ほじょてきぎょうむ》では、本当のやりがいは得られません
上位企業に入るために、不実《ふじつ》の就職活動をしてしまったら何にもなりません
また、自分を超《こ》えたランクの企業に入っても、採用される身分や仕事のレベルが下がってしまったら入社後に能力を引き出すことは難しくなります
つまり、こういうことです
「人間性の高さ」「能力を引き出すこと」この二大条件を満《み》たした上で、より上位の企業、よりやりたい仕事に就《つ》く、これが就職の目標となります
う、う〜ん……
すぐには納得《なっとく》できないかもしれませんね
今日はここまでにしましょう！

第2章　就職活動を知る

数日後――
就職部
小林は、やっぱり来ないのかな？
そんなことないよ、来るよ。きっと来るっ!!
だってあいつ、結局、何言われたって、有名企業しか考えてないだろう？
そうかなぁ？

ガチャ
あはは、先生、それひどいっす！
あっ、来た!!
お待たせしてしまいましたね
ごめん、ごめん～
なんかうれしそうだな？
ほら、この前の荒波食品《あらなみしょくひん》の清水《しみず》さんが、近くまで来たからって、学校に寄《よ》ってくれたんだよ
清水さんの上司の人も一緒で、夢野先生と、4人でランチしてきたんだ
あら。
……なんだよ、二人とも、あんまりいい印象なくて、荒波食品は興味ないだろ？
そ、それはそうだけど……

正直、荒波食品は、私はお勧《すす》めしたくはありませんが…
トントン
先生ッ！
フフフ
小林君も座って！
さぁ、今日はみなさんに、就職活動のポイントをお話ししようと思います
ファイト！
ポス！
さて！
前回、就職活動の目標は、「人間性の高い、自分の能力をより引き出せる企業に入ること、つまり、よりやりがいのある企業に入ること」にすべきと、お話ししたと思います
では、その目標のために、何をすればいいのか？

結論から言うと、
まず自分が人間性の高い人になることです
人間性…？
俺《おれ》、人間性なんて全然高くないです…
ポリポリ
人間性の高い企業は、人間性の高い人を求《もと》める
「類《るい》は友《とも》を呼《よ》ぶ」…という普遍的《ふへんてき》な真理です
自分で人間性が高いなんて言えない…
しゅん…
僕たち、ふつうの学生です。そんな学生いませんよ
人間性の高さとは、みなさんが考えているような、到達不可能《とうたつふかのう》なものではありません

人間性の高さを伝えるのは難しくありません
礼儀《れいぎ》、常識《じょうしき》をわきまえていれば十分に伝わります
礼儀《れいぎ》や常識《じょうしき》を守るというのは、口で言うほど簡単《かんたん》ではありませんが、
努力《どりょく》をすれば、日常生活の中でも自然と身につきますし、なによりその姿勢《しせい》を買ってもらえるはずです
また、自分の能力を引き出していける企業かどうかを見るためには、まず自分が素直《すなお》に正直にありのままの自分を表現することです
そ、それでいいんですか？
礼儀《れいぎ》や常識《じょうしき》をわきまえる努力をして、素直《すなお》にありのままの自分を表現するだけ？
そうです！

素直《すなお》に、正直に本当の自分を出せば、相手も本音で話してくれます
就職活動は双方向《そうほうこう》のやりとりですから、両者の信頼関係《しんらいかんけい》が不可欠《ふかけつ》です
企業と自分とが人間性の高い、素直《すなお》で正直《しょうじき》なやりとりをすれば、入社後のミスマッチはありません
人間性の高い、素直で正直なやりとり……か
これは、本当のコミュニケーション…
と、言《い》い換《か》えられます。
就職活動にウソや誇張《こちょう》は必要ありません
マニュアルのような決まり文句を流暢《りゅうちょう》に話せなくても大丈夫《だいじょうぶ》です
人間性を高めることは幸せな仕事人生への第一歩です
入社後の人間関係のためにも自分の人間性を高めることはとても重要です
自分の能力や人間性を、素直に正直に伝えればいいのです

私にもできそう!
うん!
多くの企業が新卒学生に「伸《の》びる人間かどうか」を期待しています
人間性が高く素直さや正直さのある人は、入社後も自分を伸《の》ばしていくことができます
反対に、能力が高くても、人間性の高さや素直さ正直さのない人は、
「伸《の》びない人材」と判断《はんだん》されてしまいます
え。
ギクゥ
心当り
人間性の高さや、素直さ正直さは、伸《の》びるためのベースとなるものであり、企業はそれを見極《みきわ》めようとしています
人間性 素直さ 正直さ
つまり!
就職活動のポイントは、本当のコミュニケーションができるかどうか、これに尽《つ》きます

フゥ…
カリ
カリ
カリ
カリ
NOT
それからもう一つ、心にとめてほしいことがあります
それは、あくまでも就職《しゅうしょく》とは、個人ベースの活動である、ということです
個人ベース？どういうことですか？
人によって価値観《かちかん》は違《ちが》います
簡単《かんたん》に言うと、能力を引き出していける環境《かんきょう》は個人個人で違《ちが》うんです
就職は、相性《あいしょう》という要素《ようそ》がとても大きいです。いい企業の基準《きじゅん》も、人それぞれです
たしかに、そう言われれば、そうです
大企業、有名企業は客観的《きゃっかんてき》に見れば、いい企業です。しかし、それが自分に合うかどうかは別なんです
ブカ
ブカ
大企業スーツ
ペカー
大企業に入ることが、そのまま自分の幸せにつながるとは限りません
際野《きわの》さんのように……

人生の主人公は自分であり、
就職活動の主人公も
自分です
あくまでも、
基準《きじゅん》は「自分」なんです
自分に合った企業を見つけるのが
就職活動であり、そのために、
実際に企業に行って、
企業と自分が一対一で
本当のコミュニケーションを
することが不可欠です
一対一？
個人面接って
ことですか？
人数の問題では
ありません
一対一とは、
一人の人間対人間として、
学生と企業が
真摯《しんし》に向き合い、
お互《たが》いに人となりが
分かり合えるような
やりとりをする、
という意味です。
面接官一人、学生三人でも、
一対一のコミュニケーションを
することは可能です
しかし
一人1分間で順に
自己PRをお願いします
次は一人1分間で
志望動機を言ってください
これで面接が
終わってしまうようなら、
一対一ではありません
このような、
その他大勢《たおおぜい》になってしまう面接、
十把一《じゅっぱひと》からげな面接では
分かり合えません

あっ!
俺って いつも……
一対一の面接でないと、本当のコミュニケーションはできません
就職活動では、まず一対一の面接に持っていく、ということが前提《ぜんてい》になります
私たち、どういう活動をしていけば?
えっと…
一対一の面接形式の企業を受けるってこと?
それでは、具体的に整理してみましょう
みなさんは、まずは大企業など、自分が行きたいと思う企業から志望すると思います
それでOKです。しかし、それらの企業は、多くの人にとっても行きたい企業であり、大変な人気です
説明会、セミナーに参加するのも難しい。
なかなか一対一の面接にはたどり着けないかもしれません
競争《きょうそう》、厳《きび》しいです……

一般的に、
一対一の面接にたどり着くためには
集団面接やセミナーを
通過《つうか》しなければなりません。
その際《さい》、基準《きじゅん》となるのは
分かりやすいデータです
偏差値《へんさち》の高い大学に通っているとか、
適性検査《てきせいけんさ》の点数が高いとか、
学生時代に特別なことを
してきた、などの
分かりやすい現実のデータで
選別するしかないのです
？？？
どんな優秀《ゆうしゅう》な人事でも、
個人と丁寧《ていねい》に向き合う時間が
なければ、潜在能力《せんざいのうりょく》や
人間性までは分かりません
分かりやすいデータを
持っている人は、
次の段階に進みやすいです
しかし、
そうでない人は、
なかなか
就職活動が
進展《しんてん》していかないこと
が多いのです
……
もちろん、
強烈《きょうれつ》なアピールなどを
すれば別ですが、
これは勧《すす》めません

………
上位企業からチャレンジするのはいいことです。しかし、一対一の面接に進んでいけないようなら、少しずつランクを下げていったほうがいいんです
一対一で向き合ってもらえる企業を受けることが、就職先企業を決める活動の本格的なスタートになります
一対一で向き合ってもらえる企業は、自分と対等な関係の企業であり、本当のコミュニケーションができる企業です
こうした企業の中から、「人間性の高い企業」、「よりやりがいのある企業」を選ぶことになります
まとめますと、自分にとってのベストの企業に出会うためには、一対一で本当のコミュニケーションをして、自分の能力を引き出していける人間性の高い企業を見つければよいのです

☆☆☆企業ランクの概念図☆☆☆

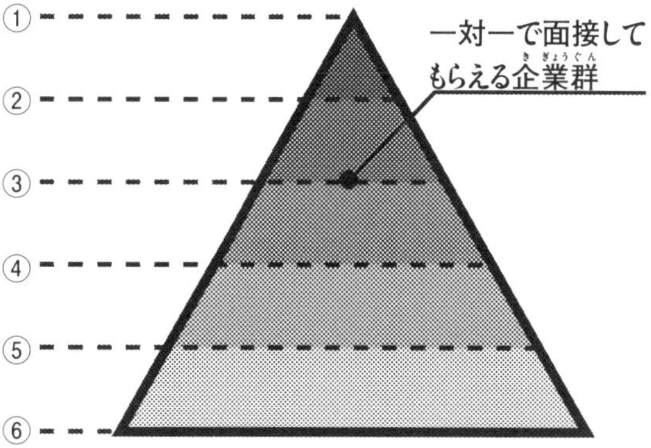
①
②
③
④
⑤
⑥
一対一で面接して
もらえる企業群《きぎょうぐん》

あくまでも概念《がいねん》として
とらえてほしいのですが、
分かりやすく図解すると、
こういう感じになります

企業は、
規模《きぼ》や業種《ぎょうしゅ》の人気度合いなどによって、
図のように
ランクづけすることができます。

自分と対等な関係の企業は、
入るのに難《むずか》しい企業ではありません。
たとえ、トップ企業であっても、
両者が対等な関係なら、
無理なことをしなくても、
ふだんの実力（＊）をそのまま出せば
内定をもらえます。
結果として、「人間性」「能力の引き出し」
「企業ランク」の3要素《ようそ》がそろった企業が、
自分にとっての
「最もやりがいのある企業」
になるのです

＊能力＋人間性

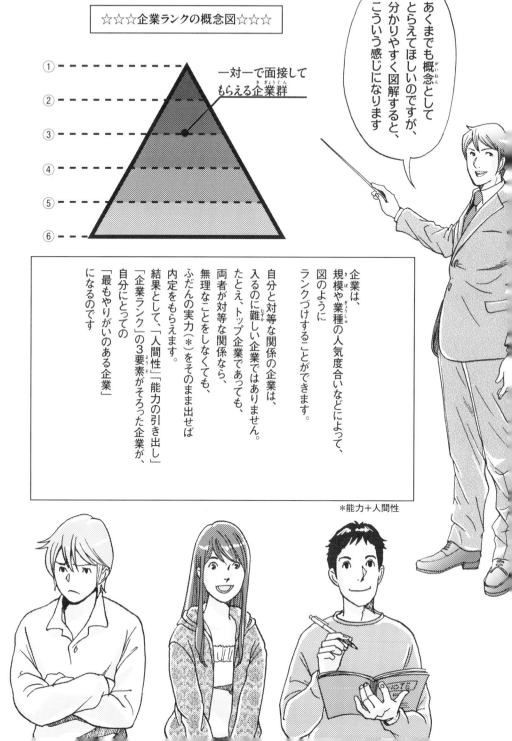

やりがいのある仕事につくことができれば、それは「仕事を楽しむ」ことにもつながります
自分の能力を最大限に生かして、社会や人に貢献《こうけん》していってこそ、本当の意味での「やりがいと安定した生活」が実現します。ひいては、「好きな仕事」にもなっていきます。これが、本当の意味において、「仕事を楽しむ」ことです
私、やりたい仕事とか、好きな仕事って……なんか勘違《かんちが》いしていました
僕は、やりたいことがなくて迷《まよ》ってばっかりだったけど……いつか自分のやりたいことを見つけられるって思えてきた！
そうだけど…
ボソ…
たしかにそうだと思いますけど……でも、もっと企業のランクのことを考えてほしいです
小林？

もちろん、企業ランクも考慮《こうりょ》しています。これは、自分にとって、最大限上位の企業に入る方法です
でも、僕は、この方法じゃ、有名な企業に入れないかもしれない……
僕の将来は、大学に入った時点で決まってしまったんですか!?
バンッ!
僕は絶対企業ランクを下げたくないんです! どうしても有名企業に入らないとダメなんです!
小林……
そのためだったら、要領《ようりょう》やテクニックを使ったとしても、僕は……!!
小林君…
大学受験に失敗したんです
受かるまで何度でも第一希望の大学に挑戦《ちょうせん》すべきだったって、今すごく後悔《こうかい》しているんです
ギュ…
あきらめずに頑張《がんば》れば絶対にチャンスはある。でも、あきらめたら……そこですべて終わりです
受験もあきらめて、就職もあきらめて、
人生もあきらめて……そんなことできません!
あきらめたら、自分の負けを背負《せお》って生きていくことになる。僕はそんなふうになりたくありません

先生の言っていること、分かります。でもあの時、受験であきらめた自分を、どうしても許《ゆる》せないんです……
……
オイ…
スク!
やっぱり僕は……もう一度、僕のやり方で頑張《がんば》ってみます。僕をバカにした奴《やつ》らを見返したいし、何より僕自身、納得《なっとく》したいから!
ごめんなさい……
謝《あやま》ることなんてない!
有名な企業に入れたら、素晴《すば》らしいじゃないですか
それでいいですよ!
まずは自分の信じる道を頑張ってみる……。それはいいことです

ただ万一、どうしても行《い》き詰《づ》まってしまうような時、遠慮《えんりょ》なく、また私を訪《たず》ねてください
あなた方がこの大学に在学する限り、私はずっとあなた方のためにここで待っています
ダッ!
ギッ…
バタン…

きっと彼は大丈夫《だいじょうぶ》です!
苦しいかもしれないけど、思う存分《ぞんぶん》自分と向き合ってほしい。そしてありのままの自分を受け入れられた時、彼に本当の自信が芽《め》生《ば》えてくるでしょう。私はそう信じます
幸せな仕事人生は、自分にとっての「最もやりがいのある企業」に入るところから始まります。それは「上位企業」でも「やりたい仕事」でもないかもしれません
「最もやりがいのある企業に入る」というシンプルな目標を見失わなければ、全員、いい就職ができ、幸せな仕事人生をスタートさせていける
私はそう確信しています

さて！
目標とポイントが分かったところで、さぁ、あとは実践《じっせん》あるのみ！
就職活動は実際に企業に行って、本当のコミユニケーションをしてナンボです
インターネットなどで求人情報を見ているだけでは、自分に合った会社は分かりませんよ
なはっ オレです
さあ、再《さい》スタートです。今から「本当の就職活動」を始めていきましょう！
はい！頑張りますっ！
就職活動とは、知らない企業と出会い、徐々《じょじょ》に知っていくという活動です
はじめのうちは、いろいろなところに、どんどん行ってみてください！
そして迷《まよ》ったり悩《なや》んだらいつでも私のところへ来てください。バッチリ個別指導《こべつしどう》していきます
頑張りまぁす！
燃えてきたっ!!

第2部

就職活動とは、どんなことをするものなのか？

BOKUTACHI HA
MADA
SHIGOTO
NO KOTOWO
NANIMO SHIRANAI

第1章
就職活動のスタート
学内セミナー
……という訳《わけ》で、我が社では……
環境保護《かんきょうほご》にも……
事業展開《じぎょうてんかい》を……
結構有名な会社が来てるんだね
うちの大学にわざわざ説明に来るってことは、うちから採《と》る気があるってことだから、真剣《しんけん》に検討《けんとう》する価値《かち》があるって、先生が言ってた
4社目 かもめスーパー
みなさん、こんにちは！
私たちは、3年前、スーパーのハトマークグループの一員として誕生《たんじょう》した、かもめスーパーです
スーパーというのは、生産から販売《はんばい》の流れの中で、最も消費者に近いところにある企業《きぎょう》です
ですからお客様の要求《ようきゅう》と満足《まんぞく》をダイレクトに感じることができ……

私たちが目指《めざ》しているのは、既存《きぞん》スーパーではできないサービスの提供《ていきょう》です
総合的な大型店舗《おおがたてんぽ》でありながら、コンビニのような小回りの利《き》く商品とサービスを提供《ていきょう》していきます……
もしかして、スーパーって、俺に合ってるかも
かもめスーパーの会社案内、もらっておこう。一度、会社説明会にも行ってみようかな……
商店街
かもめスーパー
オープン
あ、そうだ、下宿の近くに新しくかもめスーパーができてたよな…
あそこに行って見てみるのもありだな
…って、ことでまずは第一歩!
カァー
カァー…
ふーっ
今日の学内セミナーで、どこかいいとこ見つかった?

うん！　すっごくいいなーと思ったのは、山森食品《やまもりしょくひん》。
エントリーするつもり！
人事課長《じんじかちょう》が梅桃《ばいとう》のOBだなんて、超《ちょう》ラッキーじゃない？
あそこCMも面白《おもしろ》いし、あのお吸《す》い物《もの》大好き〜
わかる〜
あとは、かもめスーパーもよかったかな！
そ、そう？
尾上君《おのうえくん》は？
……実は俺《おれ》も、かもめスーパー、いいなと思った
シンプルだし、体動かせそうじゃん？
それに、できたばっかりの会社って面白《おもしろ》そうだし。俺のこのバイタリティーを生かせそうじゃん？下宿の近くにあるから、今日、帰りに寄《よ》ってみるつもり
ふむ、となると、おぬしライバルだな〜？

俺《おれ》って、案外《あんがい》、強敵《きょうてき》かもよ〜!?
ウフ
お手やわらかに
スーパーって、人気あるのかな?
いけるかもしれないね!
じゃ、エントリーしてみようよ
だね!
就職部

カチャ
夢野《ゆめの》先生、どうぞ
鶴崎《つるざき》さん、ありがとう
いつも先生に淹《い》れてもらってますから、そのお礼です
まだまだ! 学生たちだって頑張《がんば》ってますから!
ふふ、どうでしたか? 今日の学内セミナーの学生の反応《はんのう》は?
そうですね、思ったよりたくさんの学生が集まってくれました
どこも、うちの学生に関心を持ってくださってる企業です
学生たちには、求人票《きゅうじんひょう》では見えないものを見てもらいたいですね
学生たちが本格的な企業訪問《きぎょうほうもん》をする前の、最初の一歩になってほしい
カチャ…
そうですね。いろんな企業《きぎょう》の存在を知るきっかけになればいいですね
こういった説明会は、いい企業かを見極《みきわ》めることや、内定を得《え》ることが目的ではないですものね

「よく分からないけど、とりあえず行ってみよう」という気持ちでいいんです。
そして、実際に企業に行ってみれば、自分の本当にやるべき準備が分かってきます
学生に配った「就職ガイド」…あそこに書いてあることを完璧《かんぺき》にしておく必要なんてないんですよね
無理する必要はありません。
企業に行ってみて、自分に必要だと感じた準備を、臨機応変《りんきおうへん》に、自分ができる範囲《はんい》ですべきです。
そして企業訪問での気づきの中で、徐々《じょじょ》にレベルアップしていけばいい
企業を回るうちに、だんだんと気づくこともある
自然と、行きたい企業、次の企業の方向が決まってくるものです
つまり、自分に合った企業は、自然に定まってくると……
そうです。
多くの学生は、動く前から企業選定に時間をかけすぎています
自分にとって、いい企業か、やりがいがあるかどうかは、企業に行ってみないと分かりません。
事前に企業を選ぶ根拠《こんきょ》や正解なんてないのです。始めのうちは、いろいろなところに、どんどん行ってみることです

当然、行きたい企業、業種、職種などは、変わる。そうして、動きながら、徐々《じょじょ》に範囲《はんい》を絞《しぼ》っていき、一対一で向き合ってくれる企業の中で、自分に合った企業、最もやりがいのある企業を見つけていけばいいのです
情報が氾濫《はんらん》していて今の学生さんは大変でしょうね
だからこそ、企業に行ったら本心で感じてくることが、とても大切です
ただ企業に行っただけ、無感動、無関心では次を選べない
企業に行ったら、素直《すなお》な心で感じてきてほしい。それは、自分に合った企業に向かう原動力になります
自分の本心で向かう企業こそ自分に合った企業です
心を重視した活動をしていけば、氾濫《はんらん》する膨大《ぼうだい》な情報にまどわされず、「自分にとっての、いい企業」に出会うことができるはずです
その点、うちの学生は素直《すなお》な人が多いから大丈夫ですね

ええ。ただ……
心を重視することと、感情のままに動くことを取《と》り違《ちが》える学生も毎年いますから、気をつけないと
そうですね
とにかく、自分で動かなくてはいけません
自分の道は自分で決めるしかありません
今、なにを言っても、自分で真剣《しんけん》に動いてみない限り、理解することは難《むずか》しいでしょう
私たちは、学生が悩《なや》んだり迷《まよ》ったりしてここに来たときに、アドバイスするだけです
RRRR
はい。梅桃大学《ばいとうだいがく》就職部です
こんちは！荒波食品《あらなみしょくひん》の清水《しみず》だけど、夢野いる？
先生、荒波食品の清水様という方から、お電話です

お電話代《か》わりました。夢野です
カチャ！
おう！この前はどうも！ちょっと頼《たの》みたいんだけどさ
こないだの学生、小林つったっけ？あいつに、俺んとこに連絡よこすように伝えてほしいんだ！なかなかものになりそうだから、もう少し話したいと思ってな
数日後——
かもめスーパー本社
会社説明会

それではここから質問会に入ります。
質問のある人は、手を挙《あ》げて、指名後、大学名と名前を述《の》べてから発言してください
海東大学《かいとうだいがく》の山田《やまだ》と申《もう》します
先ほど仕入計画のお話がありましたが、
供給《きょうきゅう》する商品の水準《すいじゅん》についてはどのような方針《ほうしん》なのでしょうか…
東京経営大学《とうきょうけいえいだいがく》の田中《たなか》です。
御社《おんしゃ》のマーケティングミックスの中で立地戦略《りっちせんりゃく》についてお聞きしたいのですが…
はい。その点につきまして、我《わ》が社《しゃ》では……
……
……みんな、しっかり企業研究してるな
キョロ キョロ
どうしよう、俺、何も聞くことない……

……それでは、この辺で質問会を終わります
この後《あと》、簡単《かんたん》な集団面接《しゅうだんめんせつ》を予定しています。次の方は残ってください
海東大学の山田さん、
東京経営大学の田中さん、……
ゾロゾロ
そっかぁ、積極的《せっきょくてき》に質問した人だけが面接に進めるのか……
やっぱり、企業研究をちゃんとしてこなくちゃな
それに、みんなバイタリティもすごかった。俺、ちょっと説明会をなめてた
これからは
もっと気合いを入れて就活しなきゃ!
山森食品のセミナー　集団面接会
ザワ
ザワ
山森食品 セミナー会場 ←

有名な食品会社は、
やっぱりすごい人気……
わ
ドン
ゴロゴロ
キャア
だ、大丈夫ですか?
ちょっと!!
なに突《つ》っ立《た》ってんの!
いい席が取れなくなるじゃん!
え……っと……
もうっ
うわぁ、まさに猛烈《もうれつ》な競争《きょうそう》って感じだ……

私は発想力、実行力では誰にも負けません！
私の人間力をフルに生かし、御社《おんしゃ》、社会に貢献《こうけん》していきたいと思います！
私は、高い理念《りねん》を持つ御社《おんしゃ》の一員として、
食文化に貢献《こうけん》し、結婚出産後《けっこんしゅっさんご》も勤《つと》め続《つづ》け、自己実現を果《は》たしたいです！
い、意味不明みたいな…？
何か、すごい世界…。食品とか、商品開発とか、本当に私に合ってるのかな？
別の日——
かもめスーパー
女子向けのセミナー

最初は、全員、販売職《はんばいしょく》から仕事を始めるのか……
販売職もやりがいがありそう。
これまで漠然《ばくぜん》と事務職《じむしょく》に就《つ》きたいって思ってたけど、希望職種《きぼうしょくしゅ》をもっと広げてもいいかも……
センター電機《でんき》説明会
いきなり能力適性検査《のうりょくてきせいけんさ》?試験対策の勉強、全然してこなかった……
できなかった……。やっぱり、本を買って、ちゃんと勉強しないと!
A BOOKS
ABOOKS
ミリオンセラー&ベストセラー
これ、買おう!
English TOEIC 800 決定版
English TOEIC 900 決定版
SPI 学研
SPI 学研
SPI 学研

説明会
符津鵜《ふつう》(株)説明会
……といったような業務を、入社後《にゅうしゃご》、していただくことになります
入社後の業務内容がイマイチ理解できない。そもそも「営業」って、具体的にはどんなことをする仕事なの？
あ
そう言えば、吉田先輩、文具メーカーで営業職《えいぎょうしょく》してるって言ってたっけ……
営《えい》業《ぎょう》
オレ、今年から営業!!
営業部 吉田大吉
……ちょっと連絡してみよ
吉田先輩にTEL
パソニー（有名電機《でんき》メーカー）
セミナー会場
T大グループ
K大グループ
いい大学の学生ばっか……
やっぱり有名企業は難《むずか》しそう
ブルブル
だけど簡単に企業ランクを下げてたまるか
頑張《がんば》れ、俺！この中で勝つためには、志望動機《しぼうどうき》、自己《じこ》PRをもっと練《ね》り直《なお》さないと！

㈱モード
セミナー
アキちゃん、お待たせー!
智恵《ちえ》ー!久しぶり!私も今来たとこだよー
私、最近バイト出てないし、本当に久しぶりだね!!
私も出てない!みんな就活《しゅうかつ》で店長が困《こま》ってたよ
そっかーー。
キップうりば
今日は誘《さそ》ってくれてありがとう。頑張《がんば》ろうね!
こちらこそ!一人じゃ心細くってアパレル、頑張ろうね!
株式会社 モード
セミナー会場
では次の方…稲田大学《いなだだいがく》の宮川《みやがわ》アキさん
ガタン
はいっ
ワタクシはシーズンスポーツ愛好会というクラブで
部長を務《つと》め、リーダーシップを発揮《はっき》して、クラブをまとめています。部員から頼《たよ》りにされることが多いです

御社《おんしゃ》で求《もと》められるアルバイト社員の管理《かんり》などに、得意のリーダーシップを生かし頑張《がんば》りたいと思います
えー!? なんか、アキちゃん、キャラ違《ちが》うよ……
バイトの時のアキちゃんは、私と一緒で、とても人の上に立つタイプじゃないと思うんだけど……
なんか、違《ちが》う人を演《えん》じてるみたい……
ドキ。。。
……でも、私も似《に》たようなことしてる!?
智恵、今日のセミナーどうだった?
うーん、アパレル、すごい人気だよね～
正直、私には、ランクが上すぎるかな
人事の人と一対一で向き合えてない感じだった…
もうちょい下のとこ、学校の求人票《きゅうじんひょう》を、もう一度見てみるつもり
アキちゃんは?
私はチャレンジしてみるつもり! 面接をキメれば智恵だって絶対チャンスあるよ!

ありがとう。
でも、私、
あんまりハードな
競争《きょうそう》したくないんだ
そのために無理矢理《むりやり》な
アピールをするのは
もっと嫌《いや》だし
根性!!
根性!!
そういうのって、
一種の押《お》し売りと
一緒《いっしょ》だって思って…
ガタン
ゴトン
ふーん…
ガタ
あと、今日の会社、
ちょっとドライだったかな。
もっと社員同士が支《ささ》え合《あ》って
働ける環境《かんきょう》のほうが好き
あ、そうかもね。
一部外資《がいし》が入ってから、
実力至上主義《じつりょくしじょうしゅぎ》になって
きているらしいから…
……
なんか、智恵って、
会社選びに
自分の考えを持って
やってるって感じだねぇ……
そ、そう?
考えっていうより、
ただ自然に、そう
感じてるだけだよ
ふ〜ん

㈱平凡《へいぼん》リテーリング
集団面接
……
なるほど…
そうすると…
やっぱりアピール力《りょく》が大切なのかな？
具体的なエピソードを使って自己ＰＲをするとウケるんだ……
次回は準備して、俺もやってみよう……
大山商会《おおやましょうかい》（中堅専門商社《ちゅうけんせんもんしょうしゃ》）
セミナー

それではみなさんがどういう方かを知りたいので一人ずつ自己紹介《じこしょうかい》をお願いします
大切なのは、人間性の高い、素直で正直なやりとり……
気負《きお》わなくていいですよ
ニコ
じゃ、まとまった人からどうぞ
ハイ。
ハイ。
ハイ。
では、菅野《かんの》さんからどうぞ！
はい。私はみんなから優しくしてもらえるタイプで……
たしかに、話しかけやすそうなタイプですね
人に優しいから、人から優しくしてもらえるんですね
何だか、私、普通に話してる……
……社会人になっても人の心を大切にして頑張《がんば》っていきたいと思います
よろしくお願いいたします

それではこれで今日のセミナーを終了します
ありがとうございました!!
今回は、あんまり怖《こわ》くなかったなぁ…
菅野さん、あなたのような方、いろいろな会社が欲しがるでしょうね
もしよかったら受付に当社のエントリーシートが用意してありますので、ぜひ正式に申《もう》し込《こ》んでみませんか
あ、ありがとうございます!
……ほめてもらえた! ちゃんと一対一で向き合ってもらえる企業なら自然な会話で十分なんだ!
少しずつだけど、人事の人と会話ができるようになってきたし、そのままの自分を出せるようになってきたかな
少し前までは、不安でむやみに落ち込んだりしてたけど……
最近、ダメでも、平常心《へいじょうしん》で「本当の自分を出して合わないのなら仕方がない」って、思えるようになったかも

第2章
志望《しぼう》動機《どうき》と自己PR
カリカリ
あれ、智恵ちゃん
一人？ここいい？
尾上君！もちろん、どうぞどうぞ！
あ、就職ノート書いてるんだ、えらい！
えっへん！
で、どう？
就職活動の調子は？
うん！
だんだん人事の人と会話できるようになってきた感じだよー。
尾上君は？
まあ、少しは慣《な》れてきたのかなぁ…
ポツポツなんだけど、一次面接通る企業も出てきて、二次に進んだり、一つ上のセミナーに行ったりできるようになってきた……

えー、すごーい。頑張《がんば》ってるね!
うん、まぁ、いろいろあってね、まだまだだよー
私、これから夢野先生のところに行くつもり
志望動機《しぼうどうき》について聞こうと思って… 志望動機、何て書いてる?
志望動機?
うーん、大学で勉強した経済学《けいざいがく》の知識を生かして貴社《きしゃ》に貢献《こうけん》したい…とか?
そうか、経済学部なら書けるね でも、私の文学部って会社ですぐに生かせそうな勉強じゃないからなぁ。強《し》いて言えば、簿記《ぼき》の資格《しかく》を生かしてなんだけど…。でも…
経理《けいり》を志望《しぼう》しているわけでもないし……。うまく書けなくって
だったら、何がやりたいか… こういう仕事がやりたいから志望しました、っていうんでいいんじゃないの?
就活《しゅうかつ》始めたばっかりの頃《ころ》は、そう書いてた

私、製菓会社《せいかがいしゃ》とか食品の商品開発とか、自分がやりたい仕事を目指してたから……
うんうん
でも、最近、幅《はば》を広げて活動していて詳しくない分野の仕事に応募《おうぼ》することも多いんだ
それに、○○がやりたいからっていう志望動機《しぼうどうき》、意外と使えないよ
例えば、機械《きかい》の卸売会社《おろしうりがいしゃ》に応募《おうぼ》するとするでしょ。その時、
私は、どうしても機械卸《きかいおろし》で事務《じむ》の仕事がやりたいから志望しました
って、なんか不自然だよね!?
私が人事だったら、「何で?」って思っちゃう
たしかに、そう言われてみると……
私、正直なところ、自分に今、社会に通用する能力があると思ってないし、絶対にやりたい仕事もない
それなのに、この能力に自信があるとか、絶対にこれがやりたいとか、そんな強引《ごういん》な志望動機《しぼうどうき》を創作《そうさく》して書いちゃったら、
本当のコミュニケーションなんてできないし、
それで受かっても、きっとミスマッチになると思う

私、本当に正直な気持ちは、志望動機《しぼうどうき》を聞かれたら、HP《ホームページ》を見たりして、いい会社だと思ったから志望しました…
って言いたい。だって、本当にそうだから
そうだなぁ……
でも、大企業で安定してそうだから、とか、成長しているから、とかって企業へのアピールにはならないって…
マニュアルに書いてあったよ。そんなの学生の都合《つごう》で企業のメリットではないって
だから困《こま》ってるんだ。なんか、よく分からなくなっちゃったの
それで、志望動機のポイントを聞こうと思って…
そっかー
……
俺も行こうかなぁ
本当!?
尾上君が一緒に行ってくれると心強いな!
え、俺って、智恵ちゃんにとっての頼《たよ》れる男?
うんうん!
尾上君でも心強いよー。一人で行くよりずーっと!
ち
でもって!! 智恵ちゃんっ!!
ははは
気にしない気にしない
ま、いいけど……
実は俺も、ちょっとした悩《なや》みというか疑問《ぎもん》があってさ、夢野先生のところに行きたいと思ってたんだ

よし!
なら決まり!
悩《なや》んだときはいつでもどうぞ、って先生言ってたよ
さ、行こう行こう
就職部
……
……
……というわけで、志望動機《しぼうどうき》が書けないという状況なんです
そうですか…、でもご心配なく
菅野さんが感じた疑問《ぎもん》や悩《なや》みは、本当の就職活動をしていれば、当然出てくるものです

実はそんなに深刻《しんこく》に悩《なや》むような問題ではないんです
えっ!?
ほとんどの学生が、そんなにすごい志望動機を持ってはいません
この辺の事情は、採用《さいよう》の現場にいる人も分かっているように思います。
実際に、志望動機を重視しない人事の方も多いようです
へぇ～!
意外と思われるかもしれませんが、履歴書《りれきしょ》やエントリーシートに書く志望動機は、
みなさんが思っているほど重要なものではありません。新卒就職《しんそつしゅうしょく》の場合、志望動機は簡単なもので十分です
あのー、志望動機って、簡単に書けるんですか?
簡単《かんたん》ですよ。
菅野さん、就職活動の目標は何でしたか?
えーと、はい…
人間性の高い、自分の能力を最大限に引き出していける企業に入ること、つまり…最もやりがいのある企業に入ること、です

そうでしたね。それが志望動機となります
え?
志望動機《しぼうどうき》を聞かれたら、「自分がなぜこの企業に入りたいか」を説明しますよね
言いかえれば、「自分がどういう企業に入りたいと思っているか」ということです
つまり、「能力が引き出せる、やりがいのある企業」ですね
要するに、自分がその企業のどんなところにやりがいがあると思ったのかを伝えればよいのです
「ホームページを見て、やりがいがあると思った」、など、
「OBの話を聞いて、やりがいがあると思った」「就職部の先生から話を聞いてやりがいがあると思った」、「実際に店舗《てんぽ》を見学して、やりがいがあると思った」、
なるほどー
その企業のことを自分なりの方法で研究して、本当に感じたことを書けばいいのです

しかし、OBもいない、就職部《しゅうしょくぶ》も知らない、店舗《てんぽ》もないし、取《と》り扱《あつか》ってる商品も知らない……など、研究しにくい企業もあります。現実的にはそういった企業のほうが多いと思います
そこで最も簡単な志望動機の作り方をお教えしましょう
ガタン
キュ
キュ
キュ
会社案内を拝見して
○○というところが
やりがいがあると思ったので
志望しました。
これです！
ほとんどの企業には会社案内があると思います。
応募《おうぼ》する企業が決まったら、会社案内を見て、その中の「やりがいがあるな」と思う部分を見つけ、それを○○の部分にして志望動機を作ればいいのです
例えば、そうですね…
尾上君、この会社案内を見て、「やりがいがあるな」と思う部分を見つけてください
はいっ。

フムフム…
ある若手社員の一日
ふーん
「……という仕事を任《まか》された時、失敗したらどうしよう、と緊張《きんちょう》して、こわ張《ば》っていた私に、社長が『失敗してもいいから、やってみろ』と声をかけてくれ、私は……」
いいな～、1年目から責任《せきにん》ある仕事を任《まか》せてくれる会社ってやりがいがありそう……
そこ！まさにそれが志望動機です
その部分にひかれたのなら「貴社《きしゃ》の会社案内を拝見《はいけん》して、新人にも仕事を任《まか》せてくれるところが、やりがいがあると思ったので志望しました」と書けばいいのです

同じように
「顧客《こきゃく》を大切にしているところ」
「チームワークをとても大切にしているところ」
「世の中の役に立とうという意識《いしき》が強いところ」
「家族的なところ」
「努力や実績《じっせき》を正当に評価《ひょうか》してくれるところ」
…など、自分にとってやりがいがあると感じるところを見つけ、それを志望動機として書けばいいのです
どんな人にも長所があるのと同じように、どんな企業でも「いいな」と思うところは必ずあります
つまり、志望動機は、
その企業のいいところを見つけ、自分もそんないい企業で、やりがいのある仕事に就《つ》きたい、
だから志望しました、という道筋《みちすじ》で作ればいいのです
そうすれば、
どんなところに魅力《みりょく》を感じているのか、分かりやすく伝えることができます
それ以外の志望動機は述《の》べないほうがいいんでしょうか？
いいえ！
志望動機のスペースに余裕《よゆう》があったり、相手から聞かれ、述べられるのなら、他の志望動機を追加してください

つまり…「自分の今の能力を生かせるから」
「勉強したことを生かせるから（志望しました）」
「いい企業だから、皆が知っている企業だから（志望しました）」
「興味があるから、好きだから、やりたい仕事だから（志望しました）」
などを臨機応変《りんきおうへん》に。要《よう》するに、本当のこと、述《の》べられることだけを、ミックスして述べればいいのです
「有名企業だから」「いい会社だから」というのでもいいんですか？
人事の人も、会社のことをほめられて悪い気はしないと思いますよ
でも、企業規模《きぼ》よりも、企業の姿勢《しせい》（会社の人格など）を述《の》べるほうが、よりいいでしょうね
分かりました。……志望動機って、そんなに難しくないんですね！
志望動機に力を入れている人は多いようです。しかし、志望動機の善《よ》し悪《あ》しで面接に呼《よ》んでもらえるかどうかが決まること、
まして、合否《ごうひ》が決まることはありません

志望動機にあまり凝《こ》る必要はありません。凝ろうとするとかえってウソの多いものになりがちです
志望動機に限らず
コミュニケーションというものは、本心であればあるほど、相手に思いが伝わり、いい結果につながります
志望動機はシンプルに考えてください。
そして、実際に企業と接《せつ》していく中で、志望動機を深めてください
はい。すっきりしました。ありがとうございました！
僕も勉強になりました。ありがとうございました！
せっかくですから、自己ＰＲの基本《きほん》も簡単にお伝えしましょうか？
本当ですか!? ぜひよろしくお願いします！
では尾上君、
もう一度聞きますが就職活動のポイントは何でしたか？

え、いきなり、ですか？
えーっと えーと……
ああ、ダメだ！最初の言葉が思い出せない…
ぐしゃぐしゃ
そんなに苦しまなくていいですよ
暗記テストじゃありませんから、その言葉を一言一句《いちごんいっく》丸暗記することには意味はないですよ
はい・・
では、菅野さん、就職活動のポイントは？
はい！
人間性の高い、素直で正直なやりとりをすること、一言で言えば、本当のコミュニケーションをすること、です
ありがとう。それが自己ＰＲにもなります

え？
自己PRとは
「あなたはどういう人間ですか。入社後、どう動いていきますか、PRしてください」
ということなんです
自己PRでは、
自分の能力や特技を過剰《かじょう》にアピールする必要はありません。特別なエピソードも必要ありません
伝えるべきなのは人間性です
仕事をする時、絶対に他人と関わります。
仕事とは、つまり、人と人とのやりとり、コミュニケーションなんです
だからこそ、
多くの企業が採用時《さいようじ》コミュニケーション能力を重視します。自己PRとは、自分を自慢《じまん》することではなく、
自分がどういうコミュニケーションをする人間なのか、どういう仕事をする人間なのか…
すなわち、自分の行動原理《こうどうげんり》や生き方のポイント、自分のモットー（信条《しんじょう》、信念《しんねん》）を伝えることなのです

自分の生き方、自分のモットーを伝える!?
モットーとは、「私はこういう性格です。その良《よ》さを生かして、こう生きていきたいと思っています」という決意です。
それを、企業《きぎょう》に伝えればいいのです
書類の自己PR欄《らん》では、どういうふうに書けばいいんでしょうか?
書類などでは、自分の性格の良さを伝えて、「こういうふうに頑張《がんば》りたい」と述《の》べればいいでしょう
例えば、「相手の気持ちを思いやれる優《やさ》しい性格です。お客様や周《まわ》りの人の心を大切にして働いていきたいです」
「世《せ》話《わ》好《ず》きな性格です。人が喜ぶ姿《すがた》を見るのが好きです。多くの人に喜んでもらえるように頑張《がんば》って働いていきたいと思います」
「穏《おだ》やかな性格だと思います。相手のいいところを見て、誰とでも和《わ》をもって働きたいと思います」
「忍耐強《にんたいづよ》い性格です。焦《あせ》らず待てるタイプだと思います。入社後も、コツコツと地道《じみち》に努力《どりょく》を続けていきたいと思います」
などです。そして、自分のモットーを述《の》べて、
それを評価してくれる企業、そのモットーに合う企業に入れば、自分のモットーに沿《そ》って働け、すなわち、入ってから幸せに働いていけるのです

自己PR ＝ 自分のモットー
＝自分の性格の良さを伝えて
「こういうふうに頑張りたい」
端的《たんてき》に述《の》べて、企業の勝ち負けは、最終的には性格の良さ（品性の高さ）で決まると思います。
性格のいい企業＝正しいモットーで存在している企業は、人や社会に、良い影響《えいきょう》を与《あた》えていきます
そのような企業が、社会からは必要とされるんです
ということは、やっぱり、自己ＰＲの前提《ぜんてい》として、人間性の高い、正しいモットーを持つことが大切なんですね？
その通りです。人間性の高い企業、性格のいい企業に入ることは、幸せな仕事人生を歩むにあたって、絶対に外せない条件と言えます
性格のいい企業に入るためには、自分が性格のいい人間になることです。
これまで、それぞれの環境《かんきょう》でさまざまな経験をしてきたことと思います
これまでの体験から得たものを振《ふ》り返《かえ》ってみてください
その中で培《つちか》われたモットーが、自己ＰＲになります

はい！頑張ります！
また少し仕事のことが分かってきました！
僕もです！
今日はありがとうございました！
ところで、尾上君は、今日は付《つ》き添《そ》いだったんですか？
はい？
いや、あの、えっと……
あれ？なんだっけ……
尾上君、何か悩《なや》みがあるって言ってたでしょ！
えーと…
もう、いっかなー…。
悩《なや》み？どんな悩みですか？
あっ！
そうそう！思い出した！
全然よくないよ…
いや、悩《なや》みっていうより、疑問《ぎもん》というか……
どんな小さなことでもいいですから、言ってみてください
はい！実は…
最近、集団面接を通過《つうか》する企業も出てきて、次の面接に行ったりできるんですけど…

会社の人と一対一で向き合って詳《くわ》しい話を聞いていくと、何か違和感《いわかん》があるんです
違和感??
僕が面接に呼《よ》ばれる企業って、何か……イケイケゴーゴーみたいな雰囲気《ふんいき》の企業が多くて……
イケイケゴーゴーは嫌《きら》いですか? 活気《かっき》がある、とも言えますよ?
たしかにそうなんですが、自分に合わない感じなんです…
例えば、ある住宅会社で、一次面接合格者と若手社員との懇談会《こんだんかい》があったんですが……
能力を引き出していける会社かどうかを聞いたら……
ああ、もちろん、能力を引き出してどんどん発揮《はっき》していけるぜ!
うちでは、営業社員は全員「店長」って呼《よ》ばれてるんだよ! みんな一国一城《いっこくいちじょう》の主《あるじ》。自分が武器の勝負の世界だ。やりがいがあるぜ!
鳴かぬなら鳴かせてしまえほととぎす

へ、へ〜……いいいいっすねー…
あの、職場の人間関係はどうなんでしょうか?
人間関係? 同僚《どうりょう》だってライバルだ!
誤解《ごかい》しないでほしいけど、悪い意味じゃないよ。
プロ野球選手だって、チームメイトはライバルだろ? お互《たが》いにライバルだから伸《の》びていけるんだよ!
終始《しゅうし》そのような感じでした…
ふむ……
分かる部分もあるけど、違和感《いわかん》もあって…。あと、この間受けた人材サービス業では…
人事の人が、入社三年目の若い人で……
絶対、やりがいがありますよ! 我が社は伸《の》び盛《ざか》りの企業です!
また、年俸制《ねんぽうせい》で実力主義です!
とにかく即戦力《そくせんりょく》、稼《かせ》げる人が優遇《ゆうぐう》されます! ポストも多いし、
年配者《ねんぱいしゃ》がほとんどいないから、すぐに責任のある仕事につけますよ!
私も今、
理ですっ!!
君みたいな人が欲《ほ》しいんですよ! ぜひ一緒に頑張《がんば》りましょう!!
努力次第《どりょくしだい》で、いくらでも稼《かせ》げるし、出世《しゅっせ》できますよ。
仕事の内容も、多様な働き方を求《もと》める人に人の役に立つ仕事です。
社内にも活気があって、とても楽しく働けますよ!

その面接も通ったんですけど、やっぱりしっくりこないんです
俺のこと、ちゃんと見てくれてるのかなって。活気はあるけど、個人間の競争《きょうそう》が厳《きび》しそうで
みんなが消耗《しょうもう》してしまうような感じも受けました
能力は引き出していけるような気はするんですが、
「人間性の高い、能力を」っていうあたりが少し違うみたいな……
あと、性格のいい企業という面でも違《ちが》うような……
ふむ。尾上君の人間性や性格には合わないという感じなんですね？
はい……。どうして、僕が面接に通る会社は、こういう会社ばっかりなんでしょうか？広丸工業所《ひろまるこうぎょうしょ》のような会社が好きなのに、
面接に通る会社は、なんか荒波食品《あらなみしょくひん》みたいな感じなんです。どうしてなのかなぁ、って不思議《ふしぎ》で……
なるほど……
尾上君は、企業で、どういう自己PRをしているんですか？見せてもらえますか？
自己PRですか！
任《まか》せてください！自己PRは得意なんです！

でも、さっき先生から聞いた自己PRとは少し違《ちが》ってるんですけど……
いいですよ、ここは勉強の場なんですから、いつもの自己PRをしてみてください
はい。それじゃ、いつものやつを
実は、すごくウケるのがあるんです！
スク！
ワタクシは、自転車に乗って、一日で、日本横断《おうだん》しました！
東京《とうきょう》から新潟県《にいがたけん》の日本海までを20時間で走ったんです！
体力と、精神力《せいしんりょく》には自信があります！
また、自転車レースでベスト10に入りたいという目標を立て、トレーニングを重ね、その目標を達成しました
目標に向かって絶対にあきらめないで頑張《がんば》る努力家《どりょくか》です！
なるほど！

自転車で日本横断ですか。すごいですね。
はい！
朝9時に東京を出て、途中《とちゅう》の山々も越《こ》えて夜も寝《ね》ないで走り続け…
翌日《よくじつ》の早朝には日本海に着きました。私はそのレースを3年連続で完走いたしました！
大変なレースですね。途中《とちゅう》でやめたいなんて思ったことはないんですか？
ありません！私は目標を決めたら、決してあきらめたりしません！
どんなことも絶対にあきらめたりしません!!
好きな女の子にふられても、あきらめない？
え……
ガクッ
女の子？
じーー…
いいえ、と言ったら、今の自己PRがウソになる…

はい！あきらめません！最後まで頑張《がんば》り抜《ぬ》いて、何としても好きな彼女をものにします！
フムフム
それで、実際にうまくいったことあるんですか？
あっ
あります!!
え？
ハッ！
へぇ〜…そうなんだぁ…
ちょっと意外ぃぃ…
ガーン！
あの、俺《おれ》、何言ってるのか……っ！
でも、ストーカーみたいなことではないですっ！
ホントにっ
……
ススス…
ちょっと意地悪《いじわる》な質問をしてしまいましたね。
面接中の学生は、ハイテンションというか、興奮状態《こうふんじょうたい》になってしまう人が多く、流れの中で、つい過剰《かじょう》なことを口走ってしまいがちです
よくあることです
ガックリ
ハァ〜。

尾上君が、なぜイケイケゴーゴーな企業にばかり受かるのか……
その自己PRでは、そういう会社から好かれるでしょう
前にも話しましたが、類《るい》は友《とも》を呼《よ》ぶ、です
お、俺、本当は、そういう人間じゃないです！
合わないんです、そういう会社！
だとしたら、自己PRが本当の自分と合っていないということになります
自己PRが本当の自分と合っていない……
尾上君の自己PRは、分かりやすいし、ウケると思います。人事担当者は、体力、精神力などを評価《ひょうか》するでしょう。
そして、そういう力を求《もと》めている企業の面接に通った
しかし、それが自分に合わない。それは、自己PRが真実ではない、ということになります

そのレースは、とてもいい体験だし、とてもいいエピソードです。
いろいろなことが伝わるでしょう。でも、先ほどの自己ＰＲには微妙《びみょう》に不実《ふじつ》が入っていませんか？
そのレースの体験から得《え》たものが、本当に体力、精神力なのか。どんな努力《どりょく》をしたのか
もう一度、素直《すなお》に正直に見つめ直してみてはどうでしょうか？
うーん……
たしかに、そう言われれば違《ちが》う気もします
そのレースは、大変ではあるのですが、超人的《ちょうじんてき》ではないです。
実際には、よほどのアクシデントがなければ、全員が完走できますし、
ぼくが初めてこのレースを走った正直な感想も、「思ったより簡単《かんたん》」というものでした……

他の部員はどうか分からないけど
少なくとも自分にとっては、体力、精神力を養成《ようせい》するものでもないし、
自信へとつながるものでもなかった……。
目標達成の部分も誇張《こちょう》があったかも…
もちろん、より上位を目指して練習はしますが、自慢《じまん》できるほどではありません…
意図的《いとてき》ではないけれど、不実《ふじつ》な部分がありました
僕の自己PRは、ウケることばかり考えて本当のコミュニケーションになっていなかったかも……
すいませんでした!
ペコ
謝《あやま》る必要はありませんよ!
就職活動には異常《いじょう》な雰囲気《ふんいき》がありますので、ついウケそうなことを言ってしまうものです。
ウケると自信がついてきて、つい誇張《こちょう》してしまうというのが人間の常《つね》です
そして、回数を重ねると鉄板《てっぱん》ネタになります
ウケるエピソードは、内定をゲットしやすい
多くの学生がしてしまうことです

しかし、事実や本心でない自己PRを述《の》べて内定した場合の最大の問題は、
ちょ、ちょっと待って
本当の自分とは違《ちが》う仕事、自分とは合わない仕事に就《つ》いてしまうということです
もちろん、さっきの尾上君の自己PRも人によっては効果的です
頑張《がんば》って目標を達成しますというモットーで、体力、精神力を期待され、それを評価《ひょうか》されることで喜びを感じる人も、その自己PRで構《かま》いません
しかし、本当の自分が、体力、精神力で勝負をするタイプでないのなら…
その自己PRで受かってしまったら、微妙《びみょう》に自分の考えとはズレた就職になってしまいます
はい…
あと、もう一つだけ注意しておきますね
！
「絶対にあきらめない」などという強引《ごういん》なことは言わないほうがいいです

たしかに、一般論として、「あきらめない」は美しい言葉です
でも、反対に、あきらめて次に進むべきこともあります
「絶対にあきらめない」という考え方や主張は
必ずしも、その人や会社のためになる、とは限りません
ぜひ君に
強引《ごういん》なことを言えば、強引な企業にご縁《えん》をいただいてしまいます
ぐっ…
はい…
自己PRで重要なのは、本当の自分を伝えることです。そこに、派手《はで》なエピソードは必要はありません。大学生活での出来事やアルバイトなどの経験で十分です
ありがとう

友人と親しくなるとき、
誇大《こだい》な夢《ゆめ》の話をする
のではなく、
身近でささいな
ことのほうが、
自分をわかってもらえる
でしょう
会社に入るということは、
長く会社と付き合うことです
「会社と友だちになりたい」
くらいの意識がいいでしょう
俺、周《まわ》りの人の
自己PRを
聞いているうちに
自己PRは、
エピソードの勝負なんだ
って思うように
なっちゃって……
ウケたい、受かりたい
と思って、強引な結論を
こじつけて、だんだん
オーバーになったのかも…
情《なさ》けないです……
そのレースのことを
話さないほうがいい、
ということでは
ないんですよ。
エピソードは、
自己PR欄《らん》以外でも、
履歴書《りれきしょ》やエントリーシート
などで述《の》べる機会が
あります
そこに事実を書いて、
伝わるものだけ、
伝わればいいんです。
ウケるエピソードは、
自分から話すのではなく、
振《ふ》ってもらってから話したほうが、
かえっていいように思います
クラブ活動
スポーツ
文化活動等
特技
資格
自慢
エヘン!!
自慢
友だちの話でも、
自慢話《じまんばなし》って
聞く気にならないでしょ

相手が聞きたいと思ったことは、聞いてくれるものです
そして、相手から聞かれた時、サイクリングの魅力《みりょく》や楽しみ、レースの感想などを自分の言葉で伝えればいいんじゃないでしょうか
それが、賢明《けんめい》な伝え方です
……
ところで、そのレースの本当の魅力《みりょく》はどこにあるんでしょう?
え?
魅力《みりょく》ですか?
そう。魅力です
うーん、…レースの魅力は…
タイムや順位ではなくもっと複雑《ふくざつ》な、なんとも言えないもので…
一日で東京から日本海まで走るのは、やっぱり大変なんです。それなのに、なぜ自転車で走りたいと思うのか、そして、走れてしまうのか、本当に不思議《ふしぎ》です……

要《よう》するに、自転車は不思議《ふしぎ》な乗り物で、それに乗る我々《われわれ》もその魅力《みりょく》を言葉にできないことがあります
それがサイクリングや、このレースの大きな魅力になっているのかも……
なんか、すごく共感できるね
そ、そうかな？
話題を振《ふ》ってもらったら、自転車の魅力や発見のほうを伝えてください。
そのほうが当然、自己ＰＲの信ぴょう性も上がります
とても素晴《すば》らしい体験をしてきたと思います。
そのレースの体験から、自分のモットーや生き方を表現できますよ
自信を持って、本当の自分を伝えていってください！
はい……頑張《がんば》ります……

チラ・・・
ポ
コ……
コホ……
コホッ
ハッ…!
信用金庫
詳しい情報は
あっ、ええと…
あっ、はは……
ゴ、ゴメンね、暗くなっちゃって…
なんか、もう、俺って人間性の低さがバレバレだね……ホント、ウソつきで、強引《ごういん》で……
俺、面接でウソばっか言ってるんだよ。「絶対あきらめません!!」なんて。本当はあきらめるし、努力《どりょく》だってしてないし…
清水《しみず》さんのことあれこれ言う資格ないんだ

智恵《ちえ》ちゃん、
俺のこと、
軽蔑《けいべつ》した？
！
……
軽蔑《けいべつ》なんてしてないよ
私だって面接で、
いっぱいウソつくし
えっ？
面接、通りたくってさ、
私も、思ってもないこと
言ってる
会社案内を見たり、
説明会に出たりすれば、
企業が求《もと》めることって
分かるでしょ？
面接でそれを演《えん》じ
ちゃうの。
求められてる人物像に
合わせて、自己ＰＲも
変えたりして……
私ってどちらかと言えば
内気だし、けっこう人見知りする
タイプなんだけど、
営業職《えいぎょうしょく》を募集《ぼしゅう》している企業では、
「私は積極的な性格で、
人と接《せっ》するのが大好きです！」
なんて言ったり……
不実《ふじつ》だよね。
私は、お芝居《しばい》のヘタな
女優ってとこかな？
智恵ちゃん……

面接の後、私、自分のことが嫌《いや》になったり
ポカポカポカ
このカメレオン智恵ーーっ!! バカバカバカバカ!!
だから私、やっぱり、自分を正直に出そうって思ったの。
そのままの自分を出せば、本当の自分に合った企業に出会える!そう思ったら、何か穏《おだ》やかな心で動けるようになってきたんだ
エヘ・・・
でも、それって最近のことだよ。女優を引退《いんたい》したのはつい最近!
ありがとう。智恵ちゃんって、優しいね。俺もちゃんと本当の自分を伝えるよ!
それに、私、尾上君のこと、ちゃんと分かってるつもりだよ
え?
尾上君が誠実《せいじつ》な人だってこと、よく知ってる!
ね!

智恵ちゃん……
俺、もう完全に立ち直った！就職活動頑張るぞ！
よかった！いつもの尾上君に戻《もど》って……
じゃあ、ここで！
うん
宿題やれよ！
しゅ、宿題…？
へ？
歯、磨《みが》いたか？
頭、洗ったか？

ポカン…
ニッ!!
また来週!
ぷっ!
尾上君、それ、お父さん世代のギャグじゃない…
でも、笑顔、ありがとう
就活、すっごく大変だけど、
頑張《がんば》ろうね!

第3章
会社訪問と面接
花潟銀行
会社説明
し—…ん
チラ・・・
1時10分。
もう10分も
過ぎてる
どうなってるんだ?

ガラッ
スタスタスタスタ
えー
本日は、我《わ》が花潟銀行《はながたぎんこう》の会社説明会にお越《こ》しいただき、ありがとうございます
私、人事担当《じんじたんとう》の槻波《つきなみ》です。よろしくお願いいたします
それでは早速、会社説明会を始めたいと思います
えー、さて……
何か、ホームページでも分かるような内容ばかりだ……
中身が薄《うす》いっていうか……
担当者も全然やる気がなさそうに見える……
えー…次ですが…
「君たちには期待してません」って、感じなのかな?
それとも、こういうものなのか?

夢野先生が言ってた「人間性の高い、自分の能力をより引き出していける企業」から考えると……
花潟銀行《はながたぎんこう》って説明会の段階で、既《すで》にちょっと……
ハッ!
ブルブル!!
いかんいかん! 夢野先生の言う方法じゃ、俺の入りたいとこには行けないだろ!!
人事担当者ではなく、俺のやる気が問題だろ。花潟銀行に入れれば、とにかく勝ちなんだから!
以上です
次の準備がありますので、ここで5分間の休憩《きゅうけい》をとりたいと思います
室内が暑《あつ》いですから、上着を脱《ぬ》ぎたい方はどうぞ。また、携帯電話《けいたいでんわ》をご使用いただいても結構《けっこう》です

ただ一点、
時間が短いので、
会場からは出ないようにしてください
では
パタン
……
あ、そうだ、リート証券《しょうけん》の一次面接のエントリー……
返事が来てるかも……
ザワ
ザワ
ザワ
はい、今、
上着を脱《ぬ》いだ方、
携帯を手に持った方、
伸《の》びをした方、
退場してください

ええっ?!
我《わ》が社《しゃ》には合わない方だと思いますので、ご縁《えん》がなかったということで……
……
銀行
銀行
会社

ひっかけみたいなことして
何なんだよ!
感じ悪い会社だな
あれ、小林君《こばやしくん》? あ、花潟銀行《はながたぎんこう》の説明会?
げげっ! 大国《だいこく》!
ハローーー
何だよ、俺がどこ受けようが、お前には関係ねぇだろ!
あーもうびっくりした
まぁ、そうだけど
でも僕、花潟銀行の説明会、もう2カ月も前に、参加したよ
え!?
もっとも、一流大の学生だけを集めた説明会だから、君には関係ないんだけど…
なっ
もう採用《さいよう》、終わってるんじゃない? 僕はこっちから辞退《じたい》したけど。ふふ……

い、いい加減《かげん》なこと言うな！
お〜こわ・・・
知らないみたいだから、友だちとして教えてあげるけど、
今の就職は、機会均等《きかいきんとう》や学生サービスのため、
営業スマイル
いらっしゃいませー。
採用《さいよう》する気もないのに開催《かいさい》する説明会もあるみたいだよ
ほら、銀行とか、学生が将来お客さんになるような業界では、もう採用終わりました、なんて無下《むげ》に断《ことわ》れないでしょ
用金庫
銀行
SNSなんかで、悪評《あくひょう》を流されても困《こま》るからね
うぐ・・・
そんな形だけの説明会に真剣《しんけん》に出て、真剣に落ち込むのは、時間的、体力的、精神的に、かなりの損失《そんしつ》だと思うよ
ま、本人の自由だけどさ
じゃ〜ねっ！
くっ！
なにも言い返せない！

就職部
カチ
カチ
カチ
カチ
マルカン……
事業内容、
食品《しょくひん》輸入《ゆにゅう》、
物流が中心か
カチ
カララ。。
カララ。。
物流ってどういう仕事なのかなぁ。ちょっとイメージしにくいかも……
カチ！
おっ、ここ経理《けいり》の募集だ
繊維卸《せんいおろし》だけど一度行ってみるのも…
でも、簿記《ぼき》2級必須《ひっす》か……
株式会社◆◆◆◆
繊維卸業
用条件
職種　経理
必須資格　簿記2級
採用人員　男子・・・5名
文学部は難しいのかなぁ?
■パンダ製
■リンゴ製
■目黒工業
■株式会社夜
ん? リンゴ製糖《せいとう》?って……
カチ！
あ、やっぱりリンゴマーク！

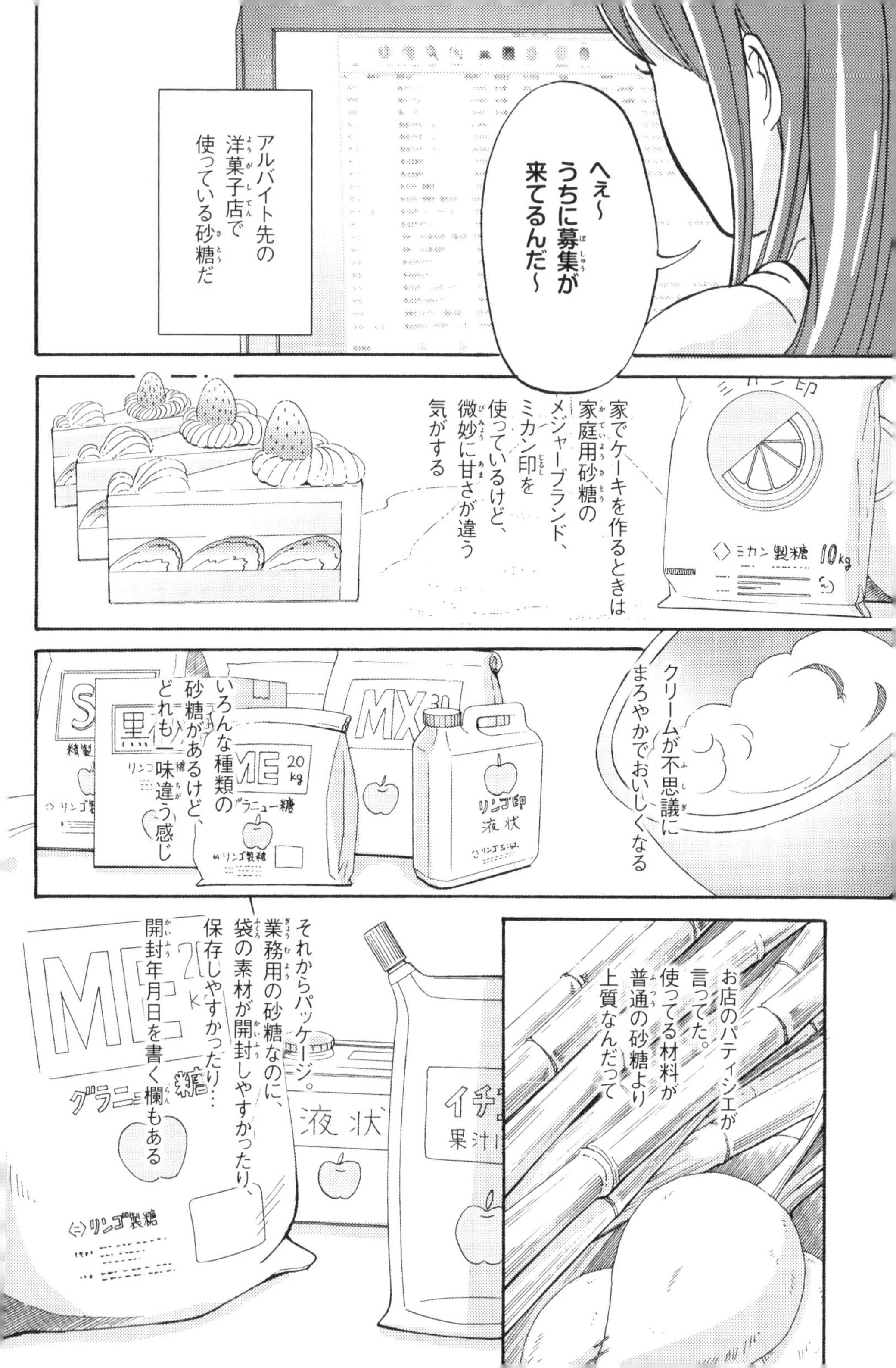

へぇ〜
うちに募集《ぼしゅう》が
来てるんだ〜
アルバイト先の
洋菓子店《ようがしてん》で
使っている砂糖《さとう》だ
家でケーキを作るときは
家庭用砂糖《かていようさとう》の
メジャーブランド、
ミカン印《じるし》を
使っているけど、
微妙《びみょう》に甘《あま》さが違う
気がする
ミカン印
ミカン製糖 10kg
クリームが不思議《ふしぎ》に
まろやかでおいしくなる
いろんな種類の
砂糖があるけど、
どれも一味違《ちが》う感じ
MX
ME 20kg
グラニュー糖
リンゴ製糖
リンゴ印
液状
お店のパティシエが
言ってた。
使ってる材料が
普通《ふつう》の砂糖より
上質なんだって
それからパッケージ。
業務用《ぎょうむよう》の砂糖なのに、
袋《ふくろ》の素材が開封《かいふう》しやすかったり、
保存しやすかったり…
開封《かいふう》年月日を書く欄《らん》もある
ME
グラニュ糖
リンゴ製糖
液状
果汁

「分かってるぅ〜」って感心することが多い
製糖《せいとう》会社《がいしゃ》か、人気あるのかな?
市販《しはん》されてたら、私は、ミカン印より、リンゴマークを使いたいな
リンゴ製糖株式会社
事業内容　精製糖・氷砂糖・液糖の製造販売
設立　1950年8月24日
資本金　10億円
従業員　150名
売上高　100億円
販売代理店　鶴亀物産株式会社
基本給　20万円
募集学部学科　■理系　■文系
募集職種　研究開発　総務・経理　営業
募集人数　若干名
提出書類　履歴書、卒業見込証明書　成績証明書　健康診断書
選考方法　書類選考　筆記(常識・適性)面接(数回)
本学卒業者　有(女子1名)
リンゴ製糖《せいとう》に入れたらいいなぁ!
無理かな…
あ、うちの学校から入った人もいるんだ。チャンスあるのかも
文系
総務・経理
募集職種《ぼしゅうしょくしゅ》は総務《そうむ》・経理《けいり》か。一度、企業訪問《きぎょうほうもん》してみたいな
でも、ちゃんと会ってもらえるのかな?
あれ、この会社、鶴亀物産《つるかめぶっさん》の系列《けいれつ》なんだ
いるかな…。
もしかして、先生、知ってるかな?

PCコーナー
失礼します！
夢野先生…
何か気になる求人票《きゅうじんひょう》を見つけましたか？
実は、学校の新着求人票の中にあった「リンゴ製糖《せいとう》」のこと、
先生にうかがいたくて……
なるほど
私、ここのお砂糖《さとう》、アルバイト先で使っているんですけど、
お気に入りなんです！
ほんのちょっとした差《さ》なんですけど、ここのお砂糖って、微妙《びみょう》に味が違《ちが》うんですよ
それに使う人のツボを押《お》さえてて、いつも「すごいな～ぁ」とか「分かってるなぁ～」って、思ってて……
ふむ、それで興味《きょうみ》を持ったと

だけど、お砂糖の会社って、どんな会社なのか分からなくて
販売代理店が鶴亀物産になってるし
募集人員《ぼしゅうじんいん》も少ないし、ハードルが高いのかなぁって……
そうですね。かなり人気のある業界で、
簡単ではありませんよ
リンゴ製糖《せいとう》は、鶴亀物産グループで、商社に近い業種です
食品の企画や開発といった華《はな》やかさよりも、製造《せいぞう》や品質管理といった、地味《じみ》で堅実《けんじつ》な仕事をするタイプの企業です
20 kg
リンゴ製糖
家庭用の砂糖もほんの一部は出しているようですが、業務用《ぎょうむよう》がメインです
とても、しっかりした会社ですよ
やっぱり、企業ランクとして、私より上っぽいですね……
我《わ》が校《こう》に求人票を出しているんですから、可能性は十分にあります

学校求人票は、企業が、その学校の学生のことを
ある程度知った上で出してくるものです
求人票
KAISHA
学校
企業
つまり、学校求人票は、学校と対等な企業群《きぎょうぐん》です
だから、面接を受けるのが難しい企業ということはありません
求人票
KAISHA
学校
企業
そして、入るのが難しい企業でもありません
その学校で、まじめに学んだ人が、ふだんの実力をそのまま出して、普通に話せば、内定可能な企業です
そっか、うちに求人票をくれたんだから、少なくとも、会ってもらえないってことはないんだ!

求人票を出す企業は、学生の能力のレベルだけではなく、その学校の教育方針《きょういくほうしん》や校風、
学生の雰囲気《ふんいき》や性格などを好意的に評価《ひょうか》してくれています
学校のスタンスによって多少異《こと》なってくるかもしれませんが
我が校の就職部では、学校求人票の企業に企業訪問《きぎょうほうもん》をするなどして、大切に、長いおつき合いを続けています
就職部の先生が企業訪問してるんですか!?
そうですよ！
学校に求人票を送ってくれる企業は、学校からも応援《おうえん》をもらえる企業なのです
そういう企業は、概《がい》してその学校の学生にフレンドリーなので、本当のコミュニケーションがとりやすいのです
KAISHA
企業
学校
つまり、最もやりがいのある企業を選びやすい、すなわち、いい就職がしやすいということです
へぇー

学校に来た求人票って そういう見方ができるんですね！
一般的には、自分の周りにある求人が自分とご縁《えん》のある企業です。
自分を求《もと》めてくれる企業は自分の身近にあるものです
それに、ネットで探した、何のつながりもない企業より、学校求人票の企業のほうが安心な気がします
私、少し、自信が出てきました
宜しくお願いいたします。
しかも、リンゴ製糖《せいとう》は、わざわざ、人事の方が求人票を持って来校してくださったんです。昨日、本学のOGも連れて…
そう言えば、OGが一人いるって求人票に出てました
実は、我《わ》が校《こう》とリンゴ製糖とのお付き合いは、それほど古くはありません
3年前に、そのOGが自己開拓《じこかいたく》で入社したのがきっかけです

昨日《きのう》、そのOGと初めて会いましたが、とても素晴《すば》らしい方でした
うーん、やっぱり、そういうすごい人じゃないと受からないですか？
たしかに簡単《かんたん》な企業ではありませんが…
菅野さんなら、当校としても、自信を持って送り出すことができます。
人事担当者も、とてもフレンドリーな人でしたよ
うーん
受けてみませんか？
勇気を持って！
自分に自信を持って！
はい！ 私、受けてみたいです!!
リンゴ製糖《せいとう》にチャレンジしたいです
ダメでもいいから
本当の自分を出して頑張《がんば》ってきます！

先生、ありがとうございました！
先生、お疲《つか》れさまでした
ありがとう
フフ…
菅野さん、ハツラツと帰っていきましたね
リンゴ製糖、っていうと……
昨日OGを連れて、来校してくださった…
あのOG、何となく菅野さんに雰囲気《ふんいき》が似《に》てましたね
夢野先生もそう感じませんでした？
私も同感ですよ。OGを連《つ》れてくるということは、
こんな学生が欲しい、という明確なサインです。菅野さん、かなりチャンスがあると思います
なるほど、それで、熱心に応募を勧《すす》めていたんですね？
まぁ、そういうことです
リンゴ製糖は、菅野さんにとって、ご縁《えん》のある企業なのではないかと思っています

すげえ！
富士鐵工所
富士《ふじ》鐵工所《てっこうじょ》。
京浜《けいひん》地区に4つの工場がある。
鋼管《こうかん》からプロセッサ、
粉砕機《ふんさいき》などなど、多品種を生産する
メーカー
社員数1200人。
技術と歴史を備《そな》えた業界大手、
東証一部上場企業《とうしょういちぶじょうじょうきぎょう》
大きな企業だが、
募集《ぼしゅう》は総合《そうごう》・営業職《えいぎょうしょく》4人、
技術《ぎじゅつ》8人と、どうみても狭《せま》き門《もん》

カッコイイ!!
モノ作りの会社に絞《しぼ》って、30社資料請求《しりょうせいきゅう》をしたうち、資料が送られてきた会社のうちの一つ
もともとネットで見つけた企業で、今まで富士鐵工所《ふじてっこうじょ》という名前は知らなかったけど、
調べてみると業界ではかなり有名。
やりがいもありそうだ
まさか、本当に会社案内が送られてきて、しかも工場見学会に参加できるなんて夢《ゆめ》にも思っていなかった
工場見学会――
巨大《きょだい》な工場はまさに圧巻《あっかん》。その中で作られる巨大な製品
それを指揮《しき》する社員たちは、まさにビッグプロジェクトを手がける職人集団《しょくにんしゅうだん》という感じ
オーライ
ーライ
もしここに入れたら、すごいよな……
こういうところで仕事したいなぁ
世界を動かしてる！って感じがして、毎日仕事をするのが楽しくなりそうだ!!

で、エントリーしたんだ?
もちろんっ!
ダメもと、ダメもと!
富士鐵工所《ふじてっこうじょ》とはねぇ、お前もでっかく出たなぁ
まぁね
俺は今、超燃《ちょうも》えてんぜ!
で?
ほかはどこを受けるつもり?
ほか?
……大学に求人票《きゅうじんひょう》が来てる会社2社と、アプローチして、返事がきたところが10社

ガンガン受けるぜ!
大手から中小まで
へー、すごいじゃん。頑張《がんば》ってるな
頑張《がんば》ってるよっ!
俺、やっと目標がはっきりしたんだ
モノ作り!
職人的《しょくにんてき》なモノ作りがしたい!
それが分かったら、すっきりして、がぜんやる気が出てきたんだ
へー、お前が、やる気? スゲー!
ハイハイ
俺、今まで食品とか流通《りゅうつう》とか、いろいろな企業を回ったけど
どこ行っても何かが違《ちが》うって感じてさ…
もしかして、社会人になることへの拒絶《きょぜつ》じゃないかって、正直、自分が心配だった
その通りかもよ?
お前、根性《こんじょう》なしだし!

びしぃっ
ほっとけ!!
でも、そんな時、夢野先生と行った広丸工業所を思い出したんだ
あの時感じたワクワク感
ワクワク感?
そう!
ワクワクしたことを思い出したんだよ
そして、分かったんだ!
俺はモノ作りにときめくんだって!
尾上……
モノ作りって、聞こえはいいよ。だけどさ……
やっぱり!
自分に正直に!だよ。俺は、分かりやすいのが好きだ
目に見えるものが好きだ。金融《きんゆう》とかサービスとかじゃなくて!

うん！
だから、やっぱり、メーカー系！
中でも、モノ作り、職人的なモノ作り！もうどうしてもモノ作りに携《たずさ》わりたい！
俺、頑張《がんば》って、富士鐵工所《ふじてっこうじょ》に行きたい!!
いや、絶対に行く!!
尾上……
……どうしちゃったんだよ。俺のことを、「この有名企業至上主義者《しじょうしゅぎしゃ》！」なんて言ってたお前がさ……
違《ちが》う！
俺は有名企業だから行きたいんじゃない！仕事の内容だよ！
それに、人事担当者も明るくて、和気《わき》あいあい、工場長も笑顔で対応してくれた
これぞ本当のコミュニケーション！
誠実《せいじつ》で人間性高そうだし、仕事のやりがいもある！もうすべてそろってるんだよ、本当に！

俺が言うのも何だけど、夢野先生の言ってた人間性の高さとか、やりがいとか、本当のコミュニケーションって…
そういうことじゃないんじゃねーか？
ほわ～～ん
まずは大手から受けたけど、小さい企業だっていい！
モノ作りに携《たずさ》われるのなら……
自分が納得《なっとく》いく目標を持って頑張《がんば》るのが一番だと俺も思うからいいけどさ
ところでお前のほうはどうなんだよ……
この頃《ころ》全然姿《すがた》見せないし、電話しても出ねぇし、智恵ちゃんも心配してたぜ……
俺か…
フラれてばっか。エントリーしても返事も来ないし、面接受けられても、話も聞いてもらえず一次で落とされるし……
いまだに、俺の就活はゼロ地点だよ
だから心の余裕《よゆう》もゼロだ

そっかぁ……
難しいもんだな
智恵ちゃんはどうしてる？
え？
リンゴ製糖《せいとう》って会社を受けてるみたい
リンゴ？
彼女にピッタリな感じだな
ペーパーテストと一次面接を受けたらしい
どうだったのかな、面接？
製糖会社って雰囲気《ふんいき》がよくわからないけど
「面接官の人がすごくいい人で、会話のキャッチボールっていうか、普通に話が弾《はず》んじゃったー♪」
それが一次面接うまくできたってさ
グ！
て、言ってた
あははにこる
智恵ちゃん、愛されキャラだからな。あの子は、どこでもうまくいくと思うけどな

本当に、誰からも愛されるタイプだよな
一緒に自転車で走ってると、元気をもらえるし
……
……
元気だけでガマンしろよ！
智恵ちゃんは、お前にはやれないからな！
Zっ
なっ
何それ！どういう意味だよっ！
さぁ～ね～
まさかっ!! 智恵ちゃんがお前のような男の毒牙《どくが》に!?
ムカック！
ギブギブ！
今助けに行くからねーっ!!
おっと!!
ハイ、小林です
ようっ！清水だけど!!

リンゴ製糖《せいとう》の二次面接決定、よかったですね!!
先生、ありがとうございました
すごく嬉《うれ》しいです!
実は菅野さんが一次面接の報告に来てくれた時に
これは通ったな、と分かってましたけどね
ははは
え~どうして分かるんですか?
この前、菅野さんは、「会話のキャッチボールができた。話が弾《はず》んだ」って、言ってましたよね?
はい
楽しいキャッチボールができた、ということは、お互《たが》いに好印象だった、ということなんですよ
お互《たが》いに好印象!?
たしかに、そうじゃないと会話は弾《はず》まないですよね…
やったー
好印象
コク

次は二次面接
多分それが最終面接でしょう
その調子で自然体で臨《のぞ》めば難《むずか》しくないはずです
私、リンゴ製糖《せいとう》に受かりたいです！
次の面接に通れば内定ですよね？
ほかに、面接で注意しておいたほうがいいことがあったら、教えて下さい！
あいさつの仕方…
お辞儀《じぎ》の角度とか、ノックした後の入り方とか……
この前は何も考えずに行って、その場でちょっとオタオタしちゃったかも……
なるほど
そういう作法《さほう》は、どうでもいいとは言いませんが…
あまり大きな問題ではありません。面接で最も注意すべきことは……
あくまで、本当のコミュニケーションがとれるかです！

人間性の高い、素直《すなお》で正直なやりとり……
ですよね？
一次面接は、無欲《むよく》の勝利という感じでうまくいきましたけど…
正直なところ、今、私、内定が欲《ほ》しいです
でも、少し自信がなくて
二次はもっと厳《きび》しいだろうし、自分をちゃんと伝えたいし、
それに、だんだん緊張《きんちょう》してきてるし…
ポイ！
菅野さん、考えすぎると、
かえって失敗してしまうものですよ
ポトン
え。
一次と同じように、面接を楽しいキャッチボールをする場、と考えてください
はい！
ギュ・・・

面接は、企業と学生が、お互《たが》いの相性《あいしょう》を見る場です
相性を正しく見極《みきわ》めるためには、本当のコミュニケーションをする…
つまり…お互《たが》いが本音で双方向《そうほうこう》の会話をするしかありません
いい就職、いい採用《さいよう》をするためには、ゆったりキャッチボールをするような、普通の会話が不可欠なんです
普通の会話…
本当のコミュニケーションをすれば、お互《たが》いに、相手の話し方や表情、態度《たいど》などから、いろいろなことが見えてきます。企業は、会話の中で、学生の頭の良さや人柄《ひとがら》、人間性、そして、仕事への意欲《いよく》、などを見ようとします
ヒュッと！
つまり、楽しいキャッチボールをすれば、強引《ごういん》なアピールをしなくても能力や人間性が伝えられるのです
また、そのような楽しいキャッチボールをすれば学生も、やりがいのある仕事かどうかや、この企業でちゃんと働いていけるかどうかが初めて分かってくるのです
パシッと！

……
私、楽しいキャッチボールできるのかな……
やっぱり不安…かな…
ご心配のようですから、面接時の具体的な行動について簡単《かんたん》にお伝えしておきましょうか
はい！お願いします!!
ガタ
簡単《かんたん》にまとめると、企業訪問《きぎょうほうもん》や面接で学生がする具体的行動は、
1. あいさつをすること
2. 相手の話を聞くこと
3. 答えること
この三つだけです！
そ、それだけ……ですか？

面接では、複雑《ふくざつ》なことを
あれこれ考えずに、
この三つに絞《しぼ》って、
全力を注《そそ》いでください
バサッ!
メモを
とります
企業に行ったら、
まず、心のこもった丁寧《ていねい》な
あいさつをしてください
形が多少カッコ悪くても
構《かま》いません
よろしく
お願いいたします!!
心の入ったあいさつ、
それが、
良《よ》い第一印象を与《あた》える、
基本中の基本です
あいさつを自分から
正しくすれば、
相手もあいさつを
返してくれます
コミュニケーションは
そこから
始まります
面接本番のアドバイス
として、ぜひ伝えたい
ことも
まずは心の入った
あいさつ!
とても
シンプルです
それは、
「相手の話を
きちんと聞いて、
相手が求《もと》めていることに
きちんと答える」
ということです。
これが面接のコミュニ
ケーションそのものです

楽しいキャッチボール（面接）の基本は、ボールが来たらしっかり受け止め、
そしてしっかり投げ返すということです。ボールを受け止めるためには、ボールをよく見ることが大切です
相手（人事担当者）から来るボールは、学生から見たら速《はや》すぎる球《たま》かもしれません
また、緊張《きんちょう》して体が硬《かた》くなっているかもしれません
ポス!!
ガチガチ
落ち着いて、
ビシィッ
ボールがグローブに入るまでしっかりと見て、まずは確実《かくじつ》にボールを受け取ってください
そして、ボールを受け取ったら、相手の取りやすいボールを投げ返してください
これを続けていけば、楽しいキャッチボール、つまり…面接のコミュニケーションが成り立ちます
相手の話を最後まで聞いて、相手が求めていることを答える。

そして回答する際《さい》のポイントは、
質問の意を外さないこと、そして、自分の本心＝モットーに沿《そ》って答えるということです
一般的に、面接で最初にボールを投げてくる(口を開く)のは企業側ですから、
では、質問します
相手が質問してきたら、相手の思いを受けて、自分の本心＝モットーに沿《そ》って一生懸命《いっしょうけんめい》に答えていけばいいのです
例えば、「自己PRをしてください」と言われたら、
自己PRを…
「自己PR＝自分の性格のいいところを述《の》べて、こういうふうに頑張《がんば》りたい」と伝えればいいし、
私の長所は…
「当社のどこに魅力《みりょく》を感じましたか」
と聞かれたら、
「志望動機＝○○というところが、やりがいがあると思ったので志望しました」
などと、本当のこと(＝本心)を素直に正直に答えていけばいいのです

また、学生時代の活動について聞かれたら、エピソードを通して、自分が正しく成長できる人間であることを伝えればいいのです
・回答のポイントは質問の意を外さないこと。モットーに沿うこと
面接で聞かれることは、ほとんどの場合、履歴書《りれきしょ》、応募書類《おうぼしょるい》の内容か、それをふくらませたものです
真実の内容を書いているのですから、
答えるのは難しいことではないはずです
あの…もし、思いもしない質問が出た時には、
どう答えればいいんでしょうか？
大丈夫《だいじょうぶ》！
あわてずに人間性高く、素直《すなお》に正直に思いを語れば十分です
そして、できることは、「できると思います」と言い、
できないことは、「自信がありません」と言えばいいのです

できるかできないかは、コミュニケーションをする中で、主《おも》に企業側が判断《はんだん》することです
企業側が判断する……
コク
「本当のことを話したのだから、後は相手の判断にお任《まか》せしよう」とおおらかに構《かま》えることが大切です
任《まか》せるような気持ち……
なんとなく分かります
企業への就職って相性《あいしょう》なんですよ
相手のあることですから自分の思い通りにはなりません
一定の点数を得れば合格できる試験でもありません
面接での第一の努力目標は…自分を売り込むことや説得することではなく、
本当のコミュニケーションをすることなんです

そのためには、あまり気負《きお》わずに、さらりとしたスタンスで
自然体で臨《のぞ》むのがいいんです
そのほうがいい結果につながります
はい！
私、自然体で頑張ってきます
きっと
本当のコミュニケーションが、できると思います!!
ふぅ～、なんだか少し安心しました。やっと落ち着いてきた
菅野さんなら大丈夫！
楽しみにしてますよ

FatMaMa
珈琲店
FatMaMa
ズ…
今日はスーツじゃねんだな?
あっ、す、すいません!
え
就活《しゅうかつ》はお休みか?
あ、もしかして就職決まった?
い、いや…
それが、まだ…
まだって……
ずいぶんとのんびりしてんなぁ……
で、うちは受けたのか?
あ…
はい、いや…
説明会に申し込《こ》んだんですけど
結局、お返事をいただけませんでした……
たぶんダメです……
へへへ…

なんだとぉ・・・
え?
なんでそれを先に言わねんだ!!
そういう時は、まず俺に相談《そうだん》しろって!!
あっ……す、すみませんっ!
あ、ありがとうございます
ったく!
ま、俺も悪かったな
商談《しょうだん》でしばらく海外に行ってたから
気にはなってたんだけど、なかなか面倒《めんどう》みてやれなかったな
いや、もう、気にかけていただけただけで有難《ありがた》いです!!
で、実際どうなんだ? 就活の調子は?
お前んとこの学校じゃかなりキツいか!?
わははは
なんてな?!!
う…

エントリーしても門前払《もんぜんばら》いが多くて……
押《お》し掛《か》けんだよ！そういう時は!!
ネットなんかでちまちまとやってんなよ！
あ、はい……
メールより電話!!電話してダメなら、とにかく動け！
エントリーシート持って人事の机《つくえ》にたたきつけてやれよ!!
バーンとっ！
えっ
なんてな！じょーだんだよ!!
アハハハ
は、は、は…
で、夢野は、何て言ってんの？
あ、はい。先生は、自分に合った企業ランクで活動したほうがいいと

はぁ？
何だ、そりゃ？
つまり…
自分よりランクが上の企業群《きぎょうぐん》で活動しても時間を無駄《むだ》にすることが多いし……
無理なアピールやウソや誇張《こちょう》のある就職活動をして上位の企業に入っても、結局、幸せな仕事人生は送れない……
……と、いうことらしいです
無視《むし》しろ、無視無視！
アホらし！
そんな就職活動、ありえねーだろ！
ハッ
意味分かんねーな。お前ら、馬鹿《ばか》にされてんじゃねーの？
誇張《こちょう》、はったり、テクニック！
社会に出たら、そういうことこそ大事なんだ!!

バンバン
それを駆使《くし》してこそ、「そんな商品いらねえ」って客に、モノを売り込むことができるんだからよ!!
とりあえず、多目においてきますから!!
請求書は後送します。
あ、はい はぁ…
……
なんだよ、元気ねぇなぁー 大丈夫かよ
よし!
じゃあ、お前にいい話をしてやるから
元気だせ!
?
お前を俺の部の新人として採用《さいよう》してくれって、人事に頼《たの》んでやるよ!!
え!
ほっ、本当ですか!!
俺の直属《ちょくぞく》の部下。どうだ?

商談《しょうだん》を持って アジアの端《はし》から端《はし》まで 飛び回る! 悪くない話だろ?
す、すごいっ! 是非《ぜひ》! 是非! よろしくお願いします!
ただし! その代《か》わり…
ひとつ条件がある!
条件?
俺は、夢野のやり方が気にくわねぇ
昔っからな!
ドキッ

キレイごと並《なら》べて、あげくに、自分に合ったランクだ?
学生の夢《ゆめ》をつぶしてどうすんだよ!?
……
どんなことがあっても、目標に向かって頑張《がんば》れ!!
お前ならできる!! ……そう言ってやるべきだろう?
そのためのテクニックを教えてやる、それがアドバイスってもんじゃないか?
……
俺は、ああいう奴《やつ》がこれから就職しようっていう学生にアドバイスすることが
絶対に許《ゆる》せねーんだ
お前もそう思うだろ?
お前のためにも… 夢野に学校から出て行ってもらおうぜ!
それが条件だ

モグモグ
母さん、ビール！
グッ
グッ
グッ
……
……
モグ
モグ
ゴクゴク
まこちゃん おかわりは？
いい……
……じゃ、お茶入れるわね！
ゴホーン！
おい、真《まこと》!!
どうだ、就職活動は？

頑張《がんば》らないとね！
ずっとお世話になる会社なんだから
頑張ろうにも、大学の名前を言っただけで
門前払《もんぜんばら》いだよ！
そりゃあ、有名な会社にこしたことはないだろうけど、
仕事なんてなぁ、そこでどれだけ頑張れるかだろ！
まず素直《すなお》さが大事なんだ、素直さが！
就職できたらの話だろ？大学の名前一つで落とされてんだから、何の意味もないよ！
だから、それが素直じゃないっていうんだ
言《い》い訳《わけ》ばかりしたって何も変わらんぞ！
ごちそうさま！
ガタ!!

タ…
あらっ
お父さんっ！
もうっ
だぁーいじょうぶ
あいつにゃ才能がある。
なんたって
俺の子だからな
心配するな！
がははははは
何の才能があることやら…
夢野に学校から
出て行って
もらおうぜ！

「訴《うった》えてやるのさ。お前が一芝居《ひとしばい》打《う》って、あいつを学校にいられなくする」
芝居なんて
そんな…
シナリオは俺が作ってやる
「学生のことを考えないいい加減な人間が就職部に入り込んで未来ある学生が損害《そんがい》を被《こうむ》った……」
そんなシナリオをよ!
クッ クッ
びびったか? 荒波《うち》じゃこういうのは当り前、弱肉強食! 芝居《しばい》を打つなんて、簡単な仕事だ
いいか、小林! これは根性試《こんじょうだめ》しの入社試験だ
やる気になったら、いつでも俺に連絡して来い

……
自分を信じて
今まで通りの活動を
続けていくべき
なのか…
HANAGATA
BANK
会社案内
それとも
先生が正しい
のか…
清水さんは、
信頼できる人なんか
じゃない。
そんなこと、
わかってる!!
でも俺は
どうしても
有名企業に
入らなくちゃ
いけない!!
あーっ
グシャグシャ
もう就活なんて
終わらせたい!
でも、
自分のエゴのために
先生をおとしいれるなんて…

よしっ!
行ってきます!!
あら、智恵《ちえ》ずいぶん早いのね
朝ごはんいいの?
うん、外で食べるからいいや

お母さん忘れてた…
まぁ、今日は何かある日だったかしら？
今日、リンゴ製糖《せいとう》に行ってくる！
え
そんな格好で面接《めんせつ》に行くの!?
や、やだなぁ…私服で面接に行くわけないでしょ!!
面接はあさって、水曜日！
この前と違《ちが》って、今度は本社なの
乗《の》り換《か》えもあるし、時間とか行き方とか、確認《かくにん》しておこうと思って！
それなら、もう少しちゃんとした格好《かっこう》で行ったら？
社員の方に会ったらどうするの？
出社時間より30分も早く行くんだよ!?
もー、お母さんは心配性《しんぱいしょう》なんだから～
私、来年から社会人だよ？子どもじゃないのっ！
はいはい…

3
電車、混《こ》んでそう……
閉《し》まるドアーにご注意ください……
ほんとは、いよいよ運命の二次面接かと思うと、いてもたってもいられなかった
うひぃ~ 女性専用《せんよう》車両のほうにすべきだったかも……
ギュウ
ギュウ
もし、受かったら……そう考えるたびにわくわくした
そして、落ちるかもと思うと怖《こわ》くなった
町
JR線
JR LINE
A-3
とにかく、じっとしていられなかった

ザザザ
地下鉄
ドキドキ
こんなに大勢、
……なんか私、
場違《ばちが》いかも？
あった！
リンゴ製糖
リンゴ製糖
リンゴ製糖株式会社
おはよう
ございます
おはよーう
ございます。
リンゴ製糖

おはようございます!
社員の人、みんなスーツがビシッと決まってる……
キチンとした雰囲気《ふんいき》が伝わってくる。そういう会社なんだろうなぁ……
おはようございます!
え!?
!
あ、この人!! 一次の面接官の人だ! たしか……

しっ
島村《しまむら》さん……
おっ
おはようございますっ
えーと、
あなたはたしか……
梅桃大学文学部《ばいとうだいがくぶんがくぶ》の
菅野《かんの》です
そう、菅野さん！
すみません、たくさんの学生さんにお会いするので……
い、いえ……
今日は、何か？
ドキッ
い、いえ
家からの通勤時間《つうきんじかん》を確認《かくにん》しておこうと思い、出勤時間《しゅっきんじかん》に合わせて来てみました

そうでしたか。月曜日は朝礼《ちょうれい》があるので
みんな早めに出勤《しゅっきん》するんですよ
どうですか? 出勤してくる社員を見るだけでも、
何となく社風が分かるでしょう?
はい、とても! 女性社員の方もピシッとされてますね
胸《むね》の開いた服やうっとうしい髪型《かみがた》は避《さ》けるというのは、社員が自然と守っているルールなんです
ハッ
残念《ざんねん》だけど、今日の菅野さんの服装《ふくそう》は、うちの社風には合いませんね
知ってると思うけど、うちは、仕事も社風もとても堅実《けんじつ》な会社なんです
え……

ガーン
うちの社風には合わない……
ごっ、ごめんなさい
私……!!
すみませんっ
すみません!!
いやいや、
脅《おど》すつもり
じゃ……
あの……
あ、あの……
し、
失礼します!

……そうですか。広丸工業所に行って、モノ作りの魅力《みりょく》にひかれた、と……
はいっ!
富士鐵工所《ふじてっこうじょ》に行って、まさにこれだ!って確信したんです
それ以来、ほかの仕事の面白さが見えてこなくて…
それで、職人的《しょくにんてき》モノ作りに絞《しぼ》って活動していると……
はい! 他の業界に行こうとしても、すぐ富士鐵工所《ふじてっこうじょ》と比《くら》べちゃって……
全然気合が入らないんです
俺、どうしても、モノ作りの仕事に就《つ》きたいんです

たしかに尾上君の夢は、尊重《そんちょう》します
しかし、あまり業界や仕事を絞《しぼ》りすぎてしまうのはどうでしょうか？
……
得意なことは、仕事をする前には分かりませんから、今やりたい仕事にこだわるのは……
大企業が難《むずか》しいなら、小さいとこでもいいんです！とにかくモノ作りにかかわりたいんです!!
うーん…
ガタ

……
え、何？
う、う……
ち、智恵ちゃんどうしたの!?
菅野さん…
う…
私、失敗しちゃいました……うっく
リンゴ製糖《せいとう》は、もう絶対ダメです。受かりません…
ヒックヒック
落ち着いて、智恵ちゃん！

バサ
バサ…
なるほど、そうでしたか…
服装《ふくそう》のことは不用意《ふようい》でしたが、済《す》んだことは仕方がありません
そうやって、社会のことをひとつ一つ勉強していけばいいんですよ
それに大丈夫《だいじょうぶ》。そんなことは致命傷《ちめいしょう》にはなりませんよ!!

でも人事の方は、「うちは堅実《けんじつ》な会社だから…
私は社風に合わない」って……
えっ
人事の人にそう言われたの!?
コク。
それってかなりマズいんじゃ……
うっ…
菅野さん、これは覚えておいてください
見込《みこ》みがあるから叱《しか》るんです
教えてもらったということは、見込みがあるからです
教えてもらって有難《ありがた》かったと思ってください
プラス思考です
はい……
うっ うえええ
オロ
オロ
ずびーっ
社会では、圧倒的《あっとうてき》にポジティブな人が好まれます。メソメソしていたら、受かるものも受かりませんよ

ぐいっ
私、社会人になる自覚に欠《か》けていたと思います……
大丈夫《だいじょうぶ》ですよ!
今回の件《けん》は、うかつだったかもしれませんが、
菅野さんの、素直《すなお》で正直なキャラクターを伝えることができて、
むしろプラスになったと思いますよ
安心して、面接に臨《のぞ》んでください!!
楽しみにしたほうがいいと思いますよ
夢野先生…
でも、私……
今日は、帰って休みます…
スクッ。
落ち着かなくちゃ……。
あ、智恵ちゃん待って!!
一緒《いっしょ》に行く!

あの先生、
僕も今日は、
これで失礼します
バタン…
先生も言ってただろ？
大丈夫《だいじょうぶ》だよ！
うん…
ごめんね……
でも、明後日《あさって》の
面接までに
立ち直る自信ないよ……
リンゴ、入りたかったな

しょぼん…
?
智恵ちゃん
俺たち、サークルで
ずっと一緒《いっしょ》に
頑張《がんば》ってきたじゃない?
楽しい道、
つらい道、
いろんな道を走って
その度《たび》にいろんな
ことが起こってさ
いってぇ

でもさ、どんな時でも、とにかく智恵ちゃんがいると…
俺たちみーんな、明るくなれたんだよねっ！
俺、智恵ちゃんの笑顔《えがお》が好きだよ！
だから泣《な》くな!!
尾上君……

夢野先生みたいなカッコいいアドバイスはできないけど……
結果《けっか》なんて気にするなよ！
いつもの智恵ちゃんらしく、自分らしく、
今度の面接、受けておいでよ！
尾上君……
だいじょーぶ!!
ニコ・・・
ありがとう!!
頑張《がんば》れよ……
僕も頑張る……

COFFEE SHOP
enjoy coffee time
COFFEE SHOP
生きるべきか
死ぬべきか……
ハァ…
何？ ハムレット？
うわっ
やっ♪

元気そう…じゃないね?スーツ着て、就職活動中?
隣《となり》、…いい?
なんでこんなところにいるんだよ!
あーっもうサイアクッ
で?
どうせまた俺を笑《わら》いに来たんだろ!?
フン
そんなんじゃないよ……
裏《うら》の予備校《よびこう》でバイトしてるんだよ今、休憩《きゅうけい》…
つーん
ふうーん
……はぁ
なんなんだよっ

そうだ、この前、あんなことを言って悪かったね
は、はあ？
何？何のこと？
覚えてないならいいや
いっぱいありすぎて分かんねーんだよ
……
そう……僕ってやっぱり、嫌《いや》な奴《やつ》なのかな？
ズーン
いっ?!
めんどくせー
ったく……
お前は、嫌《いや》な奴《やつ》だけど…でも努力して、受験でいい点とって、一流大に入ったって事実は否定《ひてい》しねぇよ

その能力を生かして頑張《がんば》れば、いいじゃねーか！
小林君、ありがとう…
結局は、君みたいな人が成功するんだろうね
……
だって性格がいいもの
何それ!? 成功してねぇし
僕みたいな嫌《きら》われ者《もの》は、ダメなんだって思ってさ。君にも謝《あやま》りたいと思ったんだ
いい大学に行けば、みんなが僕のことを見直すだろうと思ってたけど…
バイトも就活もうまくいかない。それって僕の性格が原因なんだろうね…
大国《だいこく》…
あっ！もう戻《もど》らなくちゃ

バイバイ
じゃあ、お互《たが》い就活頑張《がんば》ろうね!!
あぁ
お前もな!
一流大学に行っても、苦労してるんだな
トントン
俺はどうなんだ?
あいつが言うようないい性格か?
俺、中小企業や、そこで働く人を見下してないか…
大企業(株)
会社案内
いい会社に入ってみんなを見返してやりたいって思ってる……
僕たち、友達だよね。
まるで有名企業以外は、人生の敗者《はいしゃ》みたいに…
違《ちが》う!
俺は、大国とは違う!
でも俺は、自分のために先生を裏切《うらぎ》ろうとしている……

どうしたらいいんだ……
もう……
こうなったら、先生と向き合ってみるしかない！
直接会って、先生か、清水さんか決めるしか……
くしゃ
日本のもの作り100社

○年○月○日
高橋金属株式会社
代表取締役　山田肇
接結果のお知らせ
にお越しいただき、誠にありがとうございまし
訳ありませんが尾上様の採用を見送ることとな
にお知らせいたします。
お預かりしました履歴書等は
破棄いたしますことをご了
お祈り申し上げ
落ちた……
ここは中堅《ちゅうけん》どころだし、そんなに難しくないと思ってたのに……
ヘナヘナ
ペタン…
何で…？
何がいけなかったの!?
でも、夢をあきらめたくない…どうしてもモノ作りがしたい！
せっかく見つけた目標なのに、なんでダメなんだ!?

会社はもっと
小さくたって
いいんだ……
そうさ、
モノ作りが
できるなら……
よし
パカ
もう一度
やり直しだ!!
ポキ
ポキ
パ
就職活動ホームページ
カチャ
カチャ
カチャ
カチ
業種で探す
▶ メーカー
▶ 情報
▶ デザイン・編集

山本化学工業
日本ハイテク株
ソニック株式会
中央製造（株
ここは違《ちが》うな…
こっちもちょっと違《ちが》う……
カチャ…
カチ
カチ
CLICK!
ん?
クイック製作所《せいさくじょ》……。金型《かながた》か……。社員42名……あまり大きくないな……
株式会社 クイック製作所
プラスチック金型製造
・携帯電話、デジカメ等
プラスチック部品の企
設計から製造まで
仕事内容
入社後３年間はモノづくりの基本から学んでいただきます。
企画など、適性を見極め、しかるべき
募集《ぼしゅう》4～5名。営業職《えいぎょうしょく》なら、文系もいけそうだ
でも、これだけじゃよく分からない…
製品写真《せいひん》?
製品写真
カチ!!
どんなものを作ってるんだろう……

これ……
プラモデルみたいだ!
ここだ……
ここしかない
俺は、あきらめない!
数日後――
クイック製作所
クイック製作所
株式会社 クイック製作所

クイック製作所
クイック製作所
株式会社クイック製作所
株式会社クイック製作所
今度こそ、成功させるんだ。落《お》ち着《つ》け、俺！
ガチャ
お待たせしました！
本日はどうぞよろしくお願いします
来た!!
ガタッ

梅桃大学、経済学部尾上一郎です!!
よろしくお願いしますっ
まぁ、まぁそう堅《かた》くならず座《すわ》ってください
はいっ失礼しますっ!
ふーん、ちゃんとした学生だな。でも……
四大《よんだい》の学生がなんでうちなんかに?
本当にうちに来る気があるんだろうか?
カタン!
貴重《きちょう》な四大卒、まずはそれを確認《かくにん》しないとな……

エピソードは
振《ふ》ってもらってから！
そして素直に正直に！
ペラリ
……
大丈夫《だいじょうぶ》だ！自信を持て！
ふむっ
くるぞっ！
あなたのような人に来てもらえるなら、うちは歓迎《かんげい》なんだけどね…
でも、本気でうちに来るつもりありますか？
え……。
えっ？はい……
一応は……
軽くパニック。。
一応ですか…
ほかにも検討《けんとう》されているんですか？
いっ、いえっ！

現在、ほかに検討中《けんとうちゅう》の会社は特にありません!
ほう、でも…四大卒だったら、ほかにもいろいろあるでしょう?
なぜうちに?
はい、就職活動を進めていくうちにどうしてもモノ作りに興味《きょうみ》が向いて……
今はモノ作りに取り組む会社を中心に就職活動しています
その中でもHP《ホームページ》で御社《おんしゃ》の製品を見た時は、
ハートを射抜《いぬ》かれたという感じで……
非常に魅力《みりょく》を感じました
なるほど!!
この学生、モノ作りに興味があったのか!
コクコク

こんなに素晴《すば》らしい製品《せいひん》を作っている会社で働けたら
すごくやりがいがあるだろうなと思いました
ありがとうございます
いや、それを聞いて安心しました！
よかったよかった
ガシガシ
では、さっそく社内を案内しましょう!!
は、はいっ
あれ？これって、もしかしてもう内定ムード？
ささ
どうぞどうぞ
うそっ！　本当に!?
うれしい!!　……はずなんだけど……
なんだかちょっと……あれ？
……

小林君、久しぶり!
先生……
すみません、こんなところに来ていただいて……
大丈夫《だいじょうぶ》ですよ
鶴崎《つるざき》さんに任《まか》せてきましたから

ザワ
ザワ
あの……
先生はどうして鶴亀物産《つるかめぶっさん》を辞《や》めて、うちの大学に来たんですか?
?
転職した理由……ですか?
あ、いや…
話しづらいことならいいんです……ちょっと気になっただけだから……
うーん
簡単に言ってしまったら伝わらないだろうし……
きちんと説明しようと思うと何時間も話さないと伝え切れない……

就職や仕事って それだけ難しい テーマなんですよ
そ、そう ですよね…
ははは、答えに なってないか……
あ、いえ、そんな……
鶴亀《つるかめ》で 人事をしていた時、たくさんの学生を 見てきました
でも、この学生たちは 幸せになれないな、と思いました
コミュ力UP!
受かる面接
内定ゲット
マニュアルに流され、目先の勝ち負けに こだわり 強引《ごういん》、無理《むり》、不自然《ふしぜん》な 就職活動をする 学生があまりにも多い

でも、面接を離《はな》れれば、みんな好感の持てる若者たちだったり…
良さを捨《す》ててしまっている……
どうしてもっと素直に正直に活動できないのか
そうすればいい就職ができるのに……
就職の目標にも問題があります
多くの人は、やりたい仕事、あるいは、有名企業、
その二つを兼《か》ねたものを目指している
それらの仕事は全仕事の中のほんの一部なんです
当然、そういう企業に就職できるのはほんの一部の人だけです
それを目標にすれば、ごく一部の強い人しか幸せになれないことになる
オレが勝者だっ!!

多くの人はどうなるのか？
無理な競争《きょうそう》に巻《ま》き込《こ》まれ、追《お》い詰《つ》められて強引《こういん》な就職活動をし、そのあげく希望や自信をなくす
そして失望から社会人を始めることになる
働く意欲《いよく》をなくす人も多い
人間は何のために働くのか
どういう仕事に就《つ》いたらいいのか
どのように働けばいいのか――
とても難しい問題です
でも誰もが、それぞれ素晴《すば》らしいものを持っている
そして、自分の良さを生かして、人の役に立つことができる――
そこに答えがあるはずです
サワ…

無理な戦い、強引《ごういん》な就職活動をしなくても
学力のあるなしにかかわらず
誰もが自分にとっての幸せの入口に立てる方法があるはず。誰もがいい就職ができるはずなんです
私は
それを伝えたい
……
偉《えら》そうに言うならば、学生の意識《いしき》改革《かいかく》をしたい
今の就職を変えたい、というところです
……
今のままでは労働環境《ろうどうかんきょう》はめちゃくちゃになってしまいますから

だけど、鶴亀《つるかめ》みたいな
いい会社…
未練《みれん》はなかったんですか?
もちろん私も
悩《なや》みましたよ。
鶴亀の仕事にも
やりがいを感じて
いましたから
それに、お世話になり、
自分を育ててくれた鶴亀を
辞《や》めていいのかとも……
でも上司は
笑顔で送り出して
くれました
「君が生涯《しょうがい》をかけて
取り組む
ビッグプロジェクトだな」
なんて言って
くれましたよ……
鶴亀時代に世界中を
飛び回ることも
ありました
一方《いっぽう》、就職部《しゅうしょくぶ》の仕事《しごと》は
小《ちい》さい部屋《へや》の中《なか》に
いることも多《おお》いです
でも、目標や、
やりがいのスケールは、
「就職」の仕事のほうが
はるかに大きい
そして
目標を達成するための
困難《こんなん》も

元上司が言った通り、人生を賭《か》けるべき仕事ですよ
世の中を変えていくということは、とても難しいことです
でも、夢で終わらせたくはない。
梅桃学園《ばいとうがくえん》の理事長《りじちょう》は、私の考えに共感してくれた人です
最大の理解者なんです。
真実の就職活動は、この学校から広まっていくと確信しています
だから私はこの学校に来たし
この学校を離《はな》れたくはありません

……
何かあったら
いつでも就職部に
来てください
「夢野に
学校から出て行って
もらおうぜ!」
ズキーン……
夢野先生を
追い出そうと
していたなんて……
人間性の高い、
素直《すなお》で正直な
やりとり……
俺はその
正反対の生き方を
しようとしていた……
ゴソゴソ
4日前
どうだ
うまくいってるか
清水
荒波食品はあきらめます
今までありがとうございました
P
P
P
しゅぽ

俺って
なんて汚《きたな》い奴《やつ》……
当分、何も
したくない……
ピコン
うそっ
清水さん!?
しゅぽっ
オレ内定でるかも
久しぶりに会おうぜ
尾上
なんだ尾上か……
そっか、内定か…。
……久々にあいつの
顔でも
見にいくか……

求人票
株式会社
クイック製作所
俺、本当に ここの社員に なるのかな……
本当に いいんだろうか?
モノ作り。
俺の夢の第一歩…
絶対に 間違《まちが》いじゃない!!

だけど、あの面接……
なんかバイトの面接みたいだったよな……
あなたのような人に来てもらえるならうちは歓迎《かんげい》です……
ほかにも検討《けんとう》してます？
本気でうちに来る気ありますか？
俺っていう人間を買ってもらってる感じが全然しなかった……
本当にいいのか？
いや!!
これでいいんだ!!

これだ……
これしかない!!
あの気持ちは、
絶対に
本物だった!!
自分を
信じるんだ!
カラカラ・・・
尾上!
ハッ!
おう!
久しぶり!!

なんか浮《う》かない顔《かお》だな
悪いな急に！
いーよ。それより内定出そうって？
ははは、まぁな！
ふーん その割《わり》には、なんか元気ねぇな
よっ。
えっ、そんなことないけど…
希望通りモノ作りの会社で決まりそうなんだ！
まだ正式な内定は出てないけどさ、ま、間違《まち》《が》いないよ。入社後の話もして社内も案内してくれたし
そうか、うまくいったんだな
おめでとう‼

お、これ求人票《きゅうじんひょう》?
あ、うん
どれどれ見せてみ
面接でさあ、素直に正直に御社《おんしゃ》の製品に魅力《みりょく》を感じますって言ったんだ
そしたら、ぎこちなかった会話が弾《はず》んでさ♪
俺のこと、大歓迎《だいかんげい》って言ってくれて……
とりあえず口頭《こうとう》で内定くれるってさ
それで内定? 一回の面接でか?
そう! よっぽど気に入ってくれたみたい
これで就活から解放されるよー!!
バカッ
な、なんだよ小林、もっと喜んでくれよ
お前、行くのか、そんな簡単に決めた会社に!!!

小さい会社が悪いわけじゃないけど…
安直《あんちょく》すぎるだろ!!
面接は1回だけど、俺はずっと考え続けたんだよ!!
そんな就職はやめたほうがいい!
一回の面接で内定を出すなんて、お前のことを見てないだろ!!
ずっと苦労してきて、最後、それでいいのか!?
ほっといてくれよ!!!
俺がやりたい仕事なんだからいいんだろっ
やりがいがある、好きな仕事に就《つ》けば、どんなことがあっても乗り越《こ》えられる!!
俺は絶対後悔しないっ

お前こそ、まだ有名企業にこだわってんのかよっ!!
タッ
違《ちが》う!
俺は、小さいからやめろって言ってるんじゃない!!
先生が言ってたのは、そういうことじゃないだろ!!
お前、本質的なことが見えてないぞ!!
俺は絶対に職人的《しょくにんてき》なモノ作りがしたいんだ!
それにはもう、ここしかないんだ ほっといてくれ!!

尾上!!
俺は親友として言ってるんだ
お前は、「今の興味」至上主義《しじょうしゅぎ》になっている!!
お前みたいな有名企業至上主義の奴に言われたくない!
もう決めたんだ!!
くるっ
スタスタ
尾上……
ドッ

タタタタタタ…
ガッ
よし尾上、
心臓破《しんぞうやぶ》りの坂の
上まで競争《きょうそう》だ！
なっなんで
そんなこと
しなきゃ……
うおりゃーっ
問答無用っ

あっ、小林!!
てめっ
尾上、お前には負けねーっ!
俺だって負けねーー!

ハァ
ハァ
ハァ
ハァ
お前、悪いことは言わない……
ハァ
先生に相談してみろよ。必ず、いいアドバイスをくれるから……
……分かった
ハァ
相談してみる
お前も一緒《いっしょ》に行かないか？
俺は先生に会わせる顔がないんだ……

ROVI SHINBUSHI
ABD
ハッピーサラ金
そんなことは百《ひゃく》も承知《しょうち》なんだよ!
そう言われましても…
だから、こうやって
頭を下げているんじゃねーか!?
ちっ
…早くしねぇと…
あん?
スッ
スッ
荒波食品《あらなみしょくひん》の清水宏《しみずひろし》さんですね?
そうだけど?
荒波食品の食品偽装《しょくひんぎそう》の件で、お話をうかがいたいのですが
署《しょ》までご同行願えますか?
POLICE

就職部
やっぱり、小さすぎなんでしょうか……
うーん、規模《きぼ》はともかく……
ペラ
一回の面接で採用を即決《そっけつ》する企業への就職は
あまりお勧《すす》めできませんね
……
そういう企業は、ほかに応募者がなく、これからも応募者が来そうにない企業です
ですから、逃《のが》すまいとして即決《そっけつ》するんです。そんな簡単な面接で社員の採用を決める企業が、「高い期待をしてくれる企業」
「自分の能力を引き出せる環境《かんきょう》」だと思いますか?

……でも僕は、小さくても、広丸工業所みたいな企業に入りたくて……
際野《きわの》さんは、幸せそうに見えたし…
広丸工業所で見てほしかったのは二つのことです
メインは、人間性の高い企業の姿《すがた》
もう一つは、新卒《しんそつ》で自分とギャップのある企業に入ることの是非《ぜひ》です
際野さんは、今は、小さい工場で幸せに働いています
しかし、際野さんが新卒時に正しい就職活動をしていれば、はじめからもっと大きな責務《せきむ》を負《お》えていたはずなんです
彼は新卒就職で失敗しました
自分とギャップのある企業に入り補助的業務《ほじょてきぎょうむ》を行う社員になってしまい、能力を引き出せず、結局はリストラ対象《たいしょう》になりました
際野さんは、新卒時の失敗があって、今、広丸に勤務《きんむ》しているんです
本来の際野さんの能力を考えれば、広丸は対等のランクの企業ではないと思います

もちろん、リストラされた中高年にとっては、広丸は素晴《すば》らしい企業です。
しかし、新卒である尾上君がいきなりそのランクの企業に入るのはどうでしょう
その企業のことを決して悪く言うつもりはありませんが…
尾上君にとって、クイック製作所は自分より下のランクの企業ではないですか?
下のランク……
尾上君なら、もっと上のランクの企業に入れるのではありませんか?
自分に合ったランクの企業がいいのです
なぜだか分かりますか?
えーと…
自分の良い能力を引き出していくために対等のランクがいい、ということなのです
対等?
尾上君は、どうして、このような状況《じょうきょう》になってしまったと思いますか?

…どうして?
えっと……
それは、今の興味ややりたい仕事を過剰《かじょう》に追《お》い求《もと》めたからです
学生たちはまだ、視野《しや》が狭《せま》いですから、
やりたい仕事は一部の仕事に集中しています
だから当然、そういう仕事は人気があります
やりたい仕事にこだわる就職活動をすれば、
企業ランクや、採用される形態《けいたい》が下がってしまうことが多いのです
分かりやすい例で言いましょう
例えば、旅行業界は人気があります
学生
どうしても旅行業界!!
旅行業界にこだわれば、ハードな競争《きょうそう》が待っています
大手旅行会社
ワー
オレも旅行やりたい
旅行!
旅行業界!!
ワー
旅行
競
争
大手旅行会社に就職できるのは…
強
CHAMP!
ごく一部の学生だけです
お断り
旅行会社
旅行会社
それ以外の学生はどんどん小さな会社に向かうことになります…
お断り
旅行会社
ちっさい…
歓迎
○×観光

旅行業界に こだわり続ければ、 結局、小さな 観光会社などに 就職することも でてくるでしょう
より大きな 旅行会社で働きたい と思えば、 今度は 採用される形態《けいたい》が 変わってしまいます
補助的業務《ほじょてきぎょうむ》をする社員、 契約《けいやく》社員、 アルバイトなどで 採用されても、 できることは限られます
そうか…… 俺、やりたい仕事に こだわりすぎて ギャップがでちゃったんだ
たしかに初対面なのに 「あなたのような人に…」 って言われた…
大事なことを 整理して おきましょう
興味《きょうみ》のある業種を 受けてはいけないと 言っているのでは ありません
今の興味も、 目標の一つです
だから、今の興味を 求《もと》めていくことも 大切なんです
また企業ランクも 大切です
もちろん、 メイン目標である 「人間性の高い 自分の能力を 引き出していける 環境《かんきょう》」も大切です
こうした中で、 何が大事なのか 分かりますか?

なにが大事……
えっと……
大事なのはバランスです
バランス?
今の興味や、企業ランクは、メインの目標ではないけれど、
それを求めることは悪いことではないんです
それにこだわりすぎてはいけない、ということです
こだわりすぎるとバランスを欠《か》き、いい就職からそれてしまうのです
しゅん…
尾上君は本学の「建学《けんがく》の精神《せいしん》」をご存《ぞん》じですか?
建学の精神?
はい!

え、えっと たしか、「中庸《ちゅうよう》」ですか?
中庸
そう中庸《ちゅうよう》です。では、どういう意味でしょう?
意味?
中くらい?
簡単《かんたん》に言うと、片寄《かたよ》(偏《かたよ》)らない、ということです
片寄らない?
現在は、片寄った教え、
極端《きょくたん》な教えが多いと思います
こだわりすぎるのは片寄っている、とも言《い》い換《か》えられるでしょう
有名企業も、やりたい仕事も、ともに、みんながあこがれる人気の職業という面で同じなんです
有名企業
どっちも人気の職業
やりたい仕事

有名企業至上主義も、今の興味至上主義も、片寄《かたよ》っている、こだわりすぎている、ということでは同じだと言えます
そういった片寄った就職活動をふつうの学生がすれば、失敗してしまうことが多いのです
うぐ…
前に話しましたが「絶対にあきらめない」も、
片寄った教え、極端《きょくたん》な教えです。ほどほどがいいんです
ほどほど……ですか?
ほどほどならばバランスが取れるのです
ほどほどだとバランスが取れる?

この学校は、偏差値的《へんさちてき》な面では、高いとは言えません。
しかし、この学校の校風や根底《こんてい》に流れている教えは、
とても素晴《すば》らしいものです
梅桃生《ばいとうせい》は、ここで学んでいることに誇《ほこ》りを持つべきです
誇り…
俺、何となくですが分かりました
今の興味にこだわりすぎてました
分かっていただけましたか!
尾上君と同様、小林君は有名企業にこだわりすぎています
そのことを、彼にも伝えてあげてください
はい
あの……
応募《おうぼ》する企業について……
僕はこれから何を基準《きじゅん》に企業を選べばよいのでしょう?
バランスのとれた企業選定をすればいいのです

メーカーに絞《しぼ》るにしても、その中《なか》でもう少し幅《はば》を持ったらどうでしょう?
これまでの就職活動の中で自分の向き不向き、自分の方向性が分かってきているはずですよね
企業選びにはいろいろな切り口があります
受けられるところは、たくさんあるはずですよ
俺、先生の教えをすっかり分かったつもりになってました
でも実は、全然理解できていなかった!
だから実践《じっせん》もまったくできていなかったんです
先生、また一から教えてもらうことは
もう…できないでしょうか?

就職ガイド
梅桃大学
就職活動完全マニュアル
これで大丈夫。
学生諸君《がくせいしょくん》には、前《まえ》に「就職《しゅうしょく》ガイド」をお渡《わた》ししてあるはずですよ?
あっ!
もらいましたけど、まったく読んでないです。何か哲学的《てつがくてき》で難しいってウワサだったから……。
つい、簡単に読める市販《しはん》の就職《しゅうしょく》マニュアルのほうに目がいっちゃって……
あれには、就職活動の目標やポイントから書類の書き方、面接、企業の選び方まで
就職活動の目標
ちゃんと載《の》せています。
一度目を通してみてください
もし、読んでも分からない時は、いつでも聞きにきてください
はい。さっそく読んでみます!!
そして本当の就職活動、頑張《がんば》ります!
頑張ってください!
小林君にもよろしく!

俺、お前の言う通り、今の興味至上主義《きょうみしじょうしゅぎ》になってたかもしれない
ありがとな。お前に言われなかったら、俺、クイックに入ってたと思う
そしてきっと後悔《こうかい》しただろうなぁ
俺だって有名企業にこだわりすぎてたよ。今、思えばさ
目標を高く持つのはいいことだと思っていたからさ
それでがむしゃらになって見えなくなった
それで、人の道も外しかけた
たしかにバランスが崩《くず》れてたのかもな
俺なんて、子どもの頃《ころ》プラモ作りが大好きで
そのノリで会社を選ぼうとしてた

小学生の夢《ゆめ》のノリ……
ほんとバカだ
それ言ったら
俺こそバカ！
人間てさ、夢とか目標があるとすごい力が出るんだ
それに向かってまっしぐら。本当に頑張れる！
でも重要なことが見えてなかった
どういう目標を持つかが大事なんだ
バランスのとれた目標を持つ、かぁ
バランスが悪くちゃ自転車は走れないもんな！
それにしても、梅桃《ばいとう》の建学《けんがく》の精神《せいしん》が「中庸《ちゅうよう》」だなんて、俺は初めて知ったよ

俺、この学校に全然興味なかったからなぁ
受験に失敗して、まさに第三希望の滑《すべ》り止《ど》め…
どうでもいいって感じだった
先生が言ってたよ
梅桃で学んでいることに誇《ほこ》りを持てって
そうだよな
梅桃っていいとこたくさんあるもん
先生や先輩、
そして…友だち！
あーあ、俺、もう一度大学一年からやり直してぇよ！
大学に入って、大学のいいところを見て生活すれば、
まったく違《ちが》った大学生活になっていただろうなー
それなのに、学校や親のせいにしていつまでも受験の失敗を引きずってた
こんな気持ちじゃ、何をやっても成功しないよ

ガバッ
な、それって、
そのまま就職や仕事にも
当てはまるんじゃ……
!
おおっ!
ブンッ!
今日の尾上、
さえてるね!
入学以来、
初めての
クリーンヒット!!
ま、
それほどでも
……
……って、
初めてってことは
ねえだろ!!
シャー
ははははっ
シュタ!
……
尾上!
俺、もう有名企業ばっか
目指すのやめる!
!

もっと自分を生かせる、そういう場所を探すことにする
小林!
今、正直行きたい会社はない
いろいろ回って思ったんだけど、
俺《おれ》は、組織重視《そしきじゅうし》のところは、あまり向かない気がする…
どんどん心が離《はな》れていくような感覚になるんだ…
もちろん、受からないからもあるけど
でも俺、なんか自分を熱《あつ》くさせる仕事がしたい!
全然うまく言えないけど…

熱くさせる!?
タタ
そっ!
俺って、何でも一人でやろうとするタイプだし大きな組織《そしき》では力が発揮《はっき》できないのかも
そうか……逆《ぎゃく》に俺は、大きな組織のほうが安心だな
集団だったり、チームで働くっていうのも楽しみな感じだしなぁ
お前は、いい意味で会社員に向いてるよ。きっといい仕事ができる
ちゃんとした会社に入って、でっかい仕事ができるよ
えっっ
なっ、何だよ急に……照《て》れるだろ!?
まぁ、まぁ、
頑張ろうぜ就活!俺、先生の言ってた方法でやり直す!!
あっそうだ!
お前、学校の就職ガイドって読んだことある?

ああ、ちょびちょびとは読んでるよ
うっ さすが小林・・・
でも、就活の目標もポイントも実践方法《じっせんほうほう》も、俺、全然分かっていなかった
自分で真剣《しんけん》に考えて動いてみて、
やっと本当の意味が分かるんじゃないかと思う
先生、「分からない時には、いつでも聞きに来ていい」って言ってたよ
あと、「小林君にもよろしく」って、何度も言われた
お前も相談《そうだん》に乗ってもらえよ
ああ!
気持ちの整理《せいり》がついたら、行ってみる!!

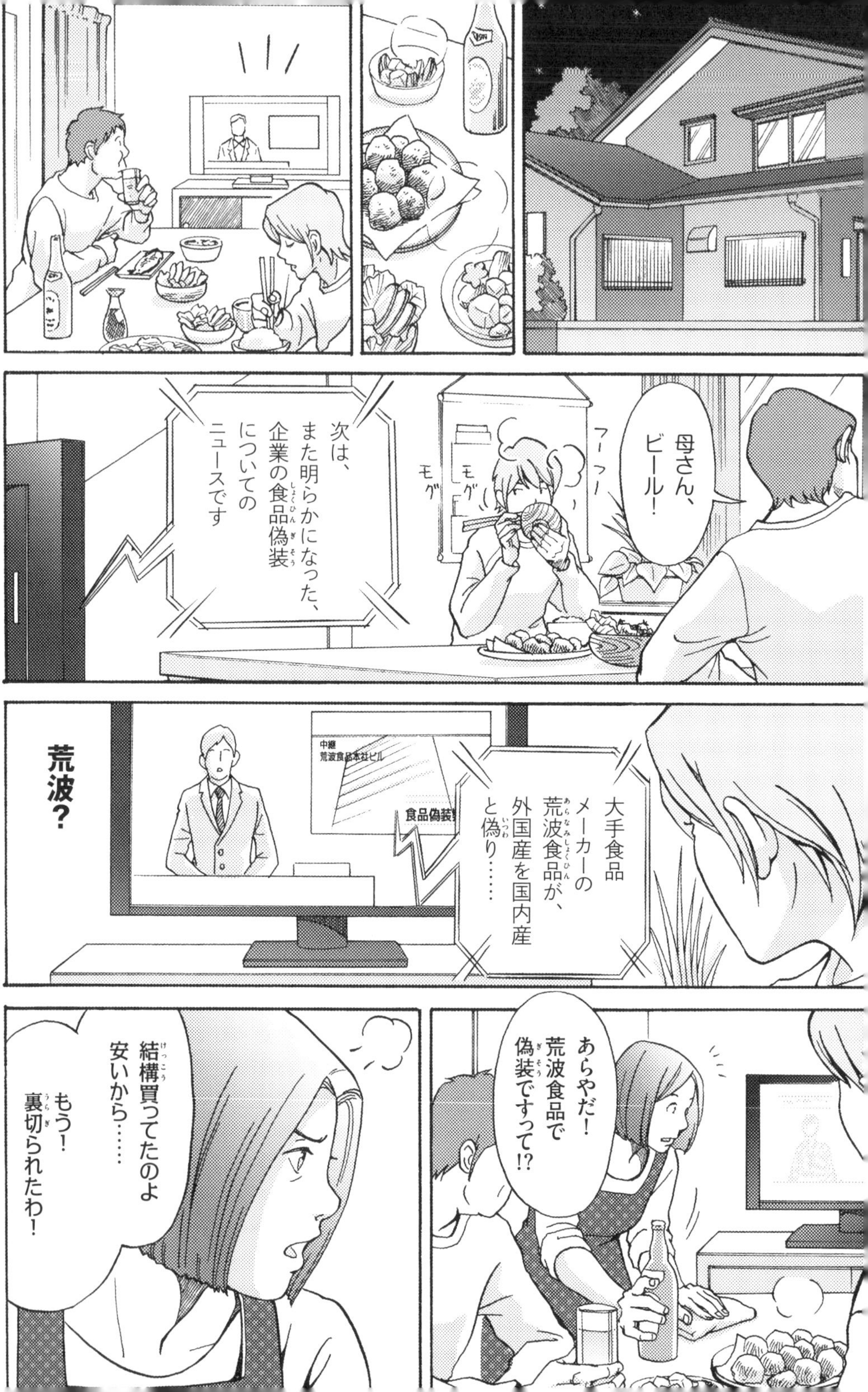
母さん、ビール！
フーッ
モグ
モグ
次は、また明らかになった、企業の食品偽装《しょくひんぎそう》についてのニュースです
大手食品メーカーの荒波食品《あらなみしょくひん》が、外国産を国内産と偽《いつわ》り……
中継
荒波食品本社ビル
食品偽装
荒波？
あらやだ！荒波食品で偽装《ぎそう》ですって!?
結構《けっこう》買ってたのよ安いから……
もう！裏切《うらぎ》られたわ！

まったく何を信用すればいいのかねぇ?
警察《けいさつ》は、この偽装《ぎそう》にかかわっていたとして、荒波食品輸入食品部《ゆにゅうしょくひんぶ》、
清水宏部長《みずひろしぶちょう》代理《だいり》を逮捕《たいほ》、事情聴取《じじょうちょうしゅ》を行っています
なんか、悪そうな奴《やつ》だなぁ
清水さん……
ホント!消費者《しょうひしゃ》のことなんてこれっぽっちも考えてないんだから……
その人だけが悪いわけじゃないよ
企業そのものが、もともとそういう人間性の低い企業なんだ

ん?
極端《きょくたん》な商売をしてそしてバランスを欠《か》いたから…
こういうことになったんだ
お前いつから社会派に…?
そんな企業に心ひかれ、先生を裏切《うらぎ》ろうとした俺……
やっぱ、へこむ…
ガタ
…へこむ?
ごちそうさま
トー
トー
ト
立ち直れねー
ど、
どうしたんだいったい真《まこと》は?
不正に心を痛《いた》めるキャラだったか?
就職活動であの子も大人になったの

パタン…
清水さん、これから
どうなるんだろう？
でも清水さん、
どこか、
ほっとしたような
表情にも見えた
俺だって、清水さんのように
なっていたかもしれない……
荒波食品株式会社
清水さんだって、
やり直せますよ
そして今度は
その高い能力を
人間性高く使っていって
ください
ドサー！

ガハハハハ
男は根性!
俺もやり直します!!
リンゴ製糖
リンゴ製糖
リンゴ製糖
リンゴ製糖株式会社
入社試験二次面接会場
受験者控室
会議室

ドキドキ…
みんなデキそー…
一次に通って
浮《う》かれていたけど
まだまだ
ライバルがいる
山田美咲《やまだみさき》さん、
面接室《めんせつしつ》のほうへ
どうぞ
はい
次は、私だ！
面接官、
島村《しまむら》さんかな
やっぱり
緊張《きんちょう》する
どき
「その服装《ふくそう》は
うちの社風には
合いませんね……」
嫌《いや》なことを
思い出しちゃった……
でも今は、
頑張《がんば》るしか…
「素直で正直な
キャラクターを伝える
ことができて
むしろプラスになったと
思いますよ」
私らしく…
「智恵《ちえ》ちゃんの
笑顔、好きだよ」
「智恵ちゃんらしく、
自分らしく！」

菅野智恵《かんのちえ》さん、面接室へどうぞ
はい！
面接は人との出会い。真実の心で、ありのままの私で、この出会いを楽しもう！
ドキドキ
こちらです。どうぞ
コンコン
失礼いたします
梅桃大学文学部《ばいとうだいがくぶんがくぶ》、菅野智恵《かんのちえ》です。よろしくお願いいたします
サッ…
！
どうぞおかけ下さい
やっぱり島村さん……

こんにちは！
謝《あやま》るべきなのかな？
どうしよう
カーー
あ……
菅野さん！プラス思考です！
そうだ……マイナスなことを蒸《む》し返《かえ》すよりプラス思考！ポジティブで行こう！
先日はありがとうございました
勉強になりました！
ペコリ
？
！
どういうこと？何かあったの？
実は、一昨日《おととい》の朝、本社の前でバッタリ会いましてね
くいっ。
わざわざ通勤時間帯《つうきんじかんたい》に合わせて、下見《したみ》に来てくれたんですよ
ほうー
真面目《まじめ》な学生です！
！

真面目《まじめ》？
…フォローしてくれたんだ！
そうですか。じゃ、今日はバッチリ来られましたね
はいっ！
それでは、志望動機《しぼうどうき》から聞かせてください
できれば、前回話したことやエントリーシートに書かれた内容以外で…
はい！
私は、自分が持っている人の役に立つ良い能力を最大限に引き出して、そして発揮《はっき》していきたいと思っています
それが御社《おんしゃ》でなら可能だと思い、志望いたしました
……最初の説明会から今日の面接まで、いつも私たち学生のことを気遣《きづか》ってくださって
どれほど安心感や勇気をいただいたか分かりません
人に温《あたた》かな配慮《はいりょ》ができる企業は、必ず人の役に立てる企業だと思います

この環境《かんきょう》の中で、この方たちと一緒《いっしょ》に働きたいと心から思いました
御社《おんしゃ》でなら、人の役に立てる仕事ができると思い、そこにやりがいを感じ志望いたしました
ありがとうございます
趣味《しゅみ》はお菓子作《かしづく》り、とありますけど、どういうところが楽しいの？
はい！
作るのも大好きなんですが、できたお菓子を人にあげて喜んでもらえるのが楽しみです！
たまにクッキーがこげちゃったりもするんですが
そんなクッキーでもおいしいって言ってもらえて……
お菓子《かし》って人を優《やさ》しくする、本当に素敵《すてき》な存在だと思います
ニコ！

菅野さんは、文学部文学科、英米文学専攻《せんこう》ですよね
卒論《そつろん》のテーマはもう決まりましたか?
はい。イギリス人の作家、ソーホーンをテーマにします
どういう作家なんですか? そしてどうしてその作家を選んだんですか?
理由を聞かせて下さい
はい。ソーホーンは、ジャンルとしては大衆作家《たいしゅうさっか》です
ロンドン市民の日常生活を描《えが》いた作品を多く発表しています
ストーリーとしては、何か問題が起きてそれが解決していくという筋《すじ》が多く、悪人《あくにん》が急《きゅう》に善人《ぜんにん》になったりなどの
ナンデアル・ソーホーン
安直《あんちょく》な展開《てんかい》もあるんですけど、基本的には、登場人物が全員幸せになって終わります
ソーホーンを選んだ理由は、何よりこの作者の人に対する思いやりが好きだからです
また、格調《かくちょう》ある文体であることも選んだ理由の一つです
ざっくばらんに言うと、水戸黄門《みとこうもん》みたいな感じなのかな?

すっ
水戸黄門!
そうですね。雰囲気《ふんいき》は似《に》ています
ただ、水戸黄門では最後に悪代官《あくだいかん》などが糾弾《きゅうだん》されますが、ソーホーンの作品では、その悪代官にも思いやりをかけるみたいなところがあって…
それが魅力《みりょく》なんです
へー。
なるほど、そりゃすごい話だ!
ハハハ
ははは
この面接、楽しい。それに私、自分を素直に出せてる
当社は責任をもって仕事をする人材を求《もと》めています
入社後の教育は厳《きび》しいほうだし、仕事を任《まか》せるのも早いです
きっと能力を開花し、発揮《はっき》していけると思いますよ
私たちも、それを期待しています

ま、長い会社生活ではいろいろなことがあるからね
何らかの事情があって、当社を辞《や》めることがあるかもしれません
そんな場合でも困《こま》らないよう、どの会社でも通用する社会人にすべく社員を育て上げる…
それが会社の責任でもあると考えています
特に女性は、出産を経験する可能性もありますそれは、人生の価値観《かちかん》が変わる大きな出来事です
出産や育児も、最終的には人に頼れない、自分が責任《せきにん》をもってやり遂《と》げていくものだから、当社での仕事は、きっとあなたの人生にも役立つと思いますよ
はい!
私、ここでなら、自分の良い能力を引き出していけそう
この会社で頑張《がんば》ったらきっと素敵《すてき》な社会人になれる!

もう40分くらい経《た》っているけど、あっと言う間に感じる
面接官の方と分かり合えている気がする……
部長、ほかに何か？
コク
だいたい分かりました。それでは最後に何かありますか？
はい！
私、就職活動中、心が揺《ゆ》れていました
どんな仕事につくか、どんな働き方をするのか……
これから先、生活や環境が変わったとき、
自分の仕事人生をどうするか……
でも、今は、自分ができることを精《せい》いっぱいして、
それが誰かの役に立てたら、素晴《すば》らしいことだと思えるようになりました
御社《おんしゃ》に入社できたら、力いっぱい頑張《がんば》りたいです!!

私、この会社に
自分の仕事人生を
預《あず》けてみたい
二次面接
終了――
ガチャ!
カッ
カッ
カッ
くるっ!

リンゴ製糖株式会社
リンゴ製糖
ペコ
ありがとうございました!!
よしっ！夢野先生に報告しに行こう!!
タッ

就職部
チラ
先生、菅野さん、今日が二次面接でしたね？
！
ええ
一昨日《おととい》泣いてらしたけど……
大丈夫《だいじょうぶ》です！
彼女は明るい！あのくらいではへこたれないでしょう！
結果が楽しみですな
ええ！

ガチャ！
先生！
ありがとうございました
リンゴ製糖《せいとう》の二次面接、終わりました！
どうでしたか？
とってもうまくできました！
素直に正直に、自分を出せたと思います
やりましたね！
私、本当のコミュニケーションができました！

それにしても
最初はどうなることかと思いました……
この間のこと、ひきずってしまったんですか?
だってー
面接室入ったら、この前、注意された島村《しまむら》さんがいて……
島村さんの顔を見たら、すごい緊張《きんちょう》してきてもうダメかと思ったけど……
ドキドキ
バクバク
その時、先生の「プラス思考」っていう声が聞こえました
そしたら、お礼の言葉が自然に出てきたんです 自分でも、少しびっくり
そうでしたか
それに、島村さんが私のことを「真面目《まじめ》な学生」と上司《じょうし》の方に紹介してくれて……
嬉《うれ》しくて、ほっとして
自然とうまく話せるようになりました
すごく思いやりを感じました
こういう大人になりたいなーって思っちゃった!

それから入社後の話を聞いて、ここでなら、良い能力を引き出していけるって確信《かくしん》しました
最後の自己PRも、自然体でさらりと言えたんです
それから あと……
頑張《がんば》りましたね! 内定おめでとう!
え
あっ!? まだ内定はもらってないんです
調子よく話しちゃったケド…
いや、よほどのことがない限り、内定していると思いますよ!
えっ
なぜなら、双方《そうほう》が本当のコミュニケーションをして、「いい企業だな、ここで働きたいな」と思った企業は
相手(企業)も「いい学生だな、採《と》りたいな」と
思うものだからです

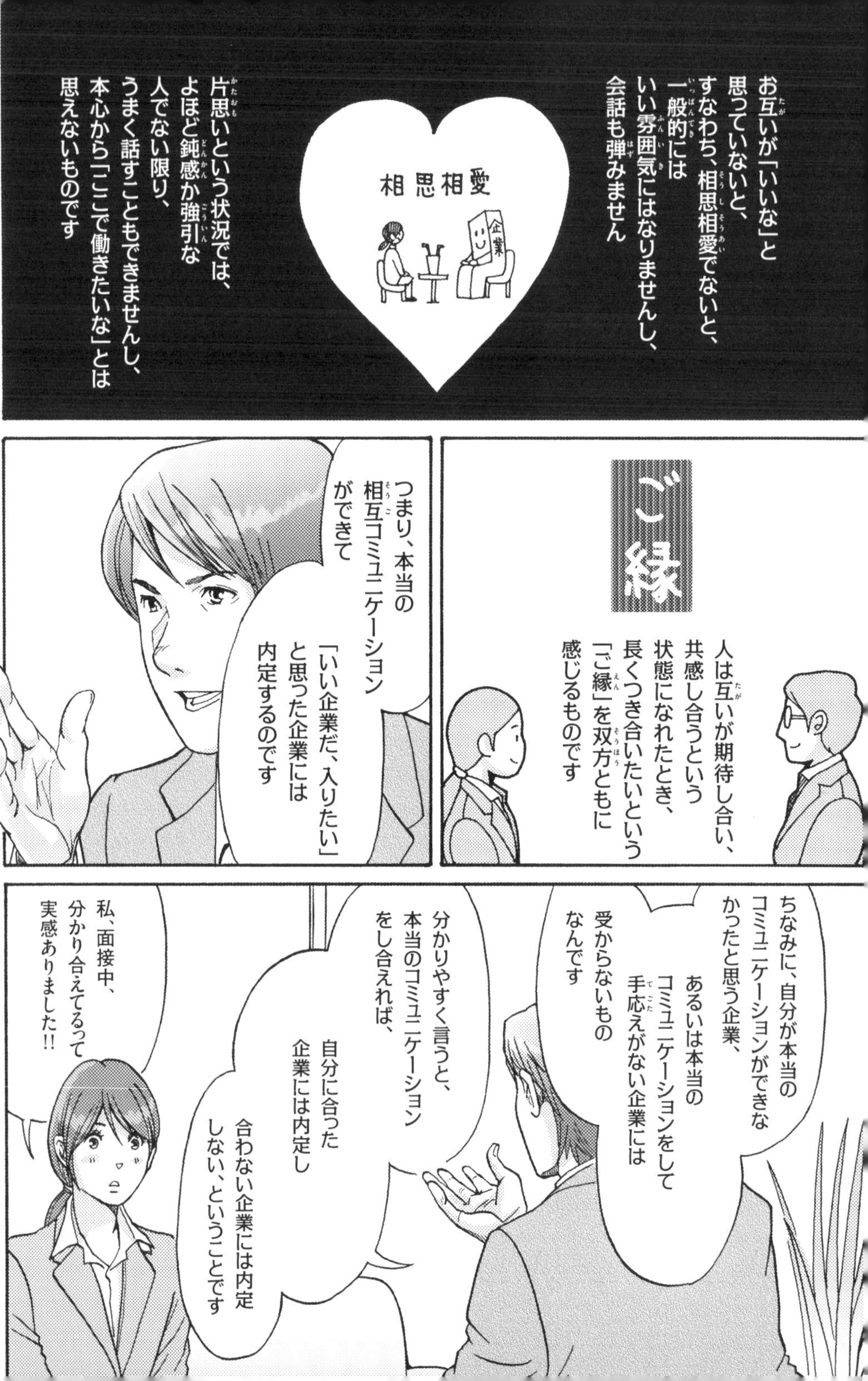
お互《たが》いが「いいな」と
思っていないと、
すなわち、相思相愛《そうしそうあい》でないと、
一般的《いっぱんてき》には
いい雰囲気《ふんいき》にはなりませんし、
会話も弾《はず》みません
相思相愛
企業
片思《かたおも》いという状況では、
よほど鈍感《どんかん》か強引《ごういん》な
人でない限り、
うまく話すこともできませんし、
本心から「ここで働きたいな」とは
思えないものです
ご縁
人は互《たが》いが期待し合い、
共感し合うという
状態になれたとき、
長くつき合いたいという
「ご縁《えん》」を双方《そうほう》ともに
感じるものです
つまり、本当の
相互《そうご》コミュニケーション
ができて
「いい企業だ、入りたい」
と思った企業には
内定するのです
ちなみに、自分が本当の
コミュニケーションができな
かったと思う企業、
あるいは本当の
コミュニケーションをして
手応《てごた》えがない企業には
受からないもの
なんです
分かりやすく言うと、
本当のコミュニケーション
をし合えれば、
自分に合った
企業には内定し
合わない企業には内定
しない、ということです
私、面接中、
分かり合えてるって
実感ありました!!

そっかぁ……就職活動って意外とヒューマンな感じなんですね!
あんな失敗をしたのに……
ほんの二日前はここでベソかいてたのに……
なんか、嬉《うれ》しいです!
今日、こんな嬉《うれ》しい面接になるなんて夢にも思ってませんでした!
私は、ある程度予想していましたよ
あの失敗はむしろプラスに作用したんだと思いますよ
あのとき、「楽しみにして臨《のぞ》んでいいですよ」って言ったでしょう?
どういうことかと言いますと…

「真面目《まじめ》な学生です」と人事の島村さんがなぜフォローしてくれたか分かりますか？
それは、あなたの人間性を高く評価《ひょうか》したからです
？
私の人間性を？
でも、服のことで注意されたのに？
服を注意されたとき、多くの学生は形としては謝《あやま》っても
心では、下見なんだから、とか、まだ勤《つと》めている訳《わけ》じゃないんだから、などと、
反発《はんぱつ》したり、あるいは
ふてくされたりするのではないでしょうか？
でもあなたはミスを素直に認《みと》め、反省し、一生懸命《いっしょうけんめい》に謝《あやま》りました
「ありがとう」、「ごめんなさい」という、感謝やお詫《わ》びを心から言える人は必ず伸《の》びる人です
すみませんでした…
リンゴ製糖《せいとう》の人事なら、あなたのその人間性を必ず高く評価《ひょうか》しているはずだと思いました
私、そんなにいい性格じゃないけど
ありがとうございます！

あとは結果を楽しみに待ちましょう!
はい!
数日後——
就職部PCコーナー
カチャカチャ

「もう少し幅《はば》を持ったらどうでしょう」
「いろいろな切り口がありますす」
バランスの取れた企業選定……
自分の動いた経験を生かして自分の心で決めていく……
うん
丸研工業《まるけんこうぎょう》、洋東誘電《ようとうゆうでん》の二社はエントリーだな
競争《きょうそう》エンジニアリングは、完全実力主義、年俸制《ねんぽうせい》……
カチ
やめとこ
カチ
カララ。。
大日本特工電線《だいにほんとっこうでんせん》？何だこれ、電線を作っている会社？
カララ…
足川区桜島《あしかわくさくらじま》か、交通も不便《ふべん》……
カララ
カチッ
へー戦前《せんぜん》からあるんだ。名前からして体質が古そう
カチッ
ここはパスかな？
カチ
ピタッ
待てよ！古い会社……
伝統《でんとう》のある会社っていいのかも
成果！
少なくとも最近のイケイケゴーゴー系より自分に合ってる
実力
金

そう言えば俺、梅桃に入ったのも伝統《でんとう》にひかれてだった気がする……
調べてみよう
製品情報
ワイヤー
コイル……
光技術製品《ひかりぎじゅつせいひん》…
電線以外にも、いろいろ作ってるんだ……
あ、ディスプレイモニターなんかも作ってるのか
すごいなぁ
採用情報
カチ!
なになに……
はじめは全員が営業《えいぎょう》に配属《はいぞく》されます
仕事は顧客《こきゃく》と接《せっ》する部門から入るのが基本、というのが我《わ》が社《しゃ》の方針《ほうしん》だからです
30歳くらいまでは広い意味で学びの期間
まずは、社会や仕事のことを勉強することが大切です
大日本特工電線

営業
経理
生産
設計
その後、社員の能力を最大限に生かせる部署へと配属《はいぞく》されます
そして、スペシャリストになっていただきます
……か
うん、能力を引き出していけそう
それにしっかりした感じだし……
会社の規模《きぼ》はっと……
カチ
上場《じょうじょう》はしてないけど……
資本金30億、従業員580名の大企業じゃん……
受かるのか? 俺に……
……
試験は、一般常識《いっぱんじょうしき》、能力適性《のうりょくてきせい》、面接三回か……
エントリーしてみよう!
カチ

やっ
やったーーっ!
ガチャ!
ちょっと智恵!! ご近所に恥《は》ずかしいでしょ!?
大声で…
やった!
やったの! リンゴ製糖《せいとう》に受かったの!!
内定ってこと?
うん!
内定をもらった!!!
まぁ!!

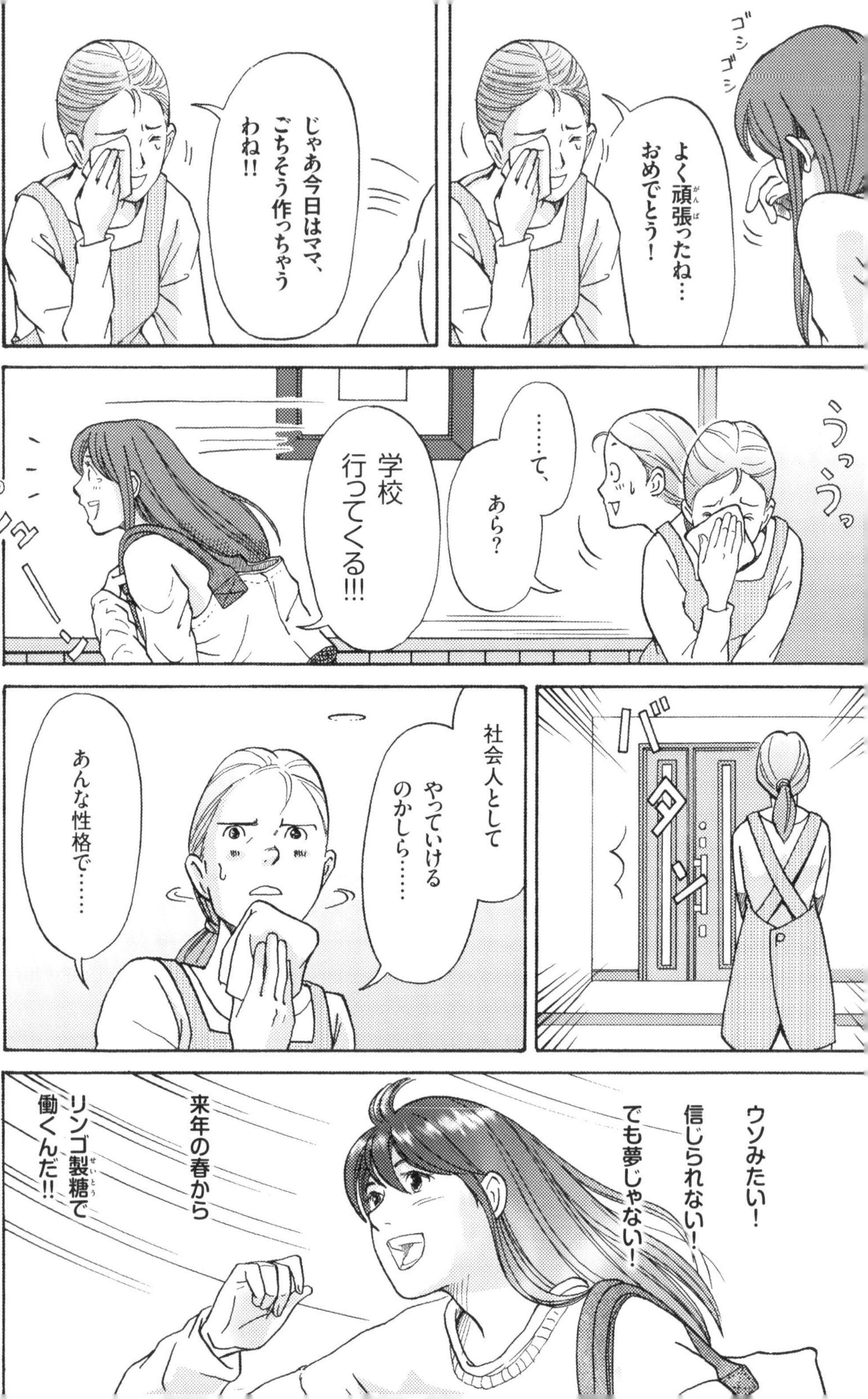
ゴシゴシ
よく頑張《がんば》ったね…
おめでとう！
じゃあ今日はママ、
ごちそう作っちゃう
わねｌ!!
うっうっ
…て、
あら？
学校
行ってくる!!!
ピュー
バタン
社会人として
やっていける
のかしら……
あんな性格で……
ウソみたい！
信じられない！
でも夢じゃない！
来年の春から
リンゴ製糖《せいとう》で
働くんだ!!

そうですか、
大日本特工電線《だいにほんとっこうでんせん》、筆記と一次面接通過《つうか》しましたか
はい
やりましたね!
ありがとうございます
俺、ペーパーが苦手だったんですけど富士鐵工所《ふじてっこうじょ》に向けて猛勉強《もうべんきょう》したのが、今回生かせました
あと、志望動機、自己PR、面接、先生の教えを実践《じっせん》できたと思います
あと面接、二回ですね
はい!結果はどうであれ俺、本当の就職活動をしてくるつもりです
ガチャ!
失礼します!

先生ーっ!!
しーっ
智恵ちゃん…
ど、どうしたの…
あ、すいません、つい…
リンゴ製糖《せいとう》では、絶対やらないようにね!
おすっ!
はい……
……て
あれ?
そう!
リンゴ製糖!!
来年から社員ですっ!
おおおおおーーっ
やったねぇーー!

おめでとう
おめでとう!
ありがとう、皆《みな》さんのおかげです……う、うえ
泣くな泣くな
よーっし!今日は祝杯だぁ
わーい
ありがとう
ありが…
ハッ
あ……
あれ?
ん?
どうしたの?
自分が決まったからって……一人ではしゃいじゃってごめんなさい……
ポンポン
ぜーんぜん
気にすんなよ〜
かえって勇気をもらったよ!
ドジな智恵ちゃんが受かったんだ。俺だって!

ポコポコ
あははは
えーっ
もう！
私ドジじゃないもんっ！
ところで…
ずっと気になってたんだけど、小林君はどうしてるのかな？
そう言えば、今回の『輪《わ》』にも小林のルポは載《の》ってなかったな…
就活が忙《いそが》しいから仕方ないとは思うけど、サークルのみんなもガッカリしてた……
初めて…だよね
小林君が『輪』の原稿《げんこう》を出さなかったの……
『輪』のルポ？
ええ、サークルの機関誌《きかんし》なんです。小林君のルポ、いっつも面白いんですよ
それから、小林君、月刊「ニューサイクルスポーツ」のサイルポ大賞を取ったこともあるんです
ほう

面白そうですね!
今度、よかったら拝見《はいけん》できますか?
はい
部室にあるので取ってきます
ペコリ
先生、小林のことよろしくお願いします!!
自分のことのように喜んで……
自分のことのように心配して……
ともに喜び、ともに悲しむ。それができるというのは素晴《すば》らしい人間性です
尾上君も、小林君も大丈夫《だいじょうぶ》でしょう

[redacted]
それから数日後——
[redacted]
モジモジ
おず…
……
全部、先生に話すんだ。そして謝《あやま》るんだ
この気持ちをすっきりさせてから、活動をやり直したい！

ぐっ
よしっ!
ガチャ!
トントン
失礼します!
先生…
よく来てくれましたね!
ごぶさたしてます…
ガバッ
先生、すみませんでしたっ
俺、先生のこと、いろいろ疑《うたが》ったりして…
そんなことより…
菅野さんがリンゴ製糖《せいとう》に内定したのはご存じですか?
え、えーっ
本当ですか?!
やったな!!

あっ
ありがとうございますっ!
あの…、さっき言ったことですが…
過去のことはいいんです
大切なのは、今をどう生きるかです
先生……
……就職活動を再開する意欲《いよく》が出てきたようですね
はい!
……俺、実際《じっさい》にいろいろな企業を訪問《ほうもん》して、
大きな組織《そしき》よりも個々の能力を強く求《もと》められる仕事のほうが
向いていると思うようになりました
俺、小さな会社でも、クリエイティブ系《けい》の仕事…
文を書く仕事をしたいと思います
そうですか!
それでは、何社か紹介《しょうかい》しましょう

ガラララ
えっ!?
求職票
求職票
小林真
求人票
パサ。
これ、俺の?
定評《ていひょう》ある専門紙《せんもんし》を発行している業界新聞社《ぎょうかいしんぶんしゃ》や、
小さいけれど信頼《しんらい》される本を発行する出版社《しゅっぱんしゃ》です
そして試験では、作文試験を重視《じゅうし》しています
小林君、得意でしょ!…文章を書くの
得意かは分からないけど…ルポを書いている時は…苦痛《くつう》を感じたことがないです

でも、どうして俺のこと？
菅野さんからお借《か》りして、『輪《わ》』のルポ、そして、サイルポ大賞を読ませていただきました
とても素敵《すてき》な文章だと思いました。
特に大賞を取った「みちのく峠《とうげ》の茶屋巡《ちゃやめぐ》り」は秀逸《しゅういつ》でした。何より、目線がいい。
常《つね》に相手の立場に立って同じ目線で書いている
茶屋《ちゃや》のおばばが自分の青春時代に思いをはせるシーン…
愛《あい》する夫との出会いと別れ、
そして、今、一人静かに草笛《くさぶえ》を吹《ふ》く描写《びょうしゃ》などは圧巻《あっかん》でしたよ
♪
先生は俺のこと、待っててくれたんだ……

……
小林君、あなたは早咲《はやざ》きの人と言えます
既《すで》に評価《ひょうか》されている能力が出ている
その能力を生かした道に行くのはいいことでしょう
そしてあなたには、信念《しんねん》を貫《つらぬ》こうとする強さと、
自分の間違いを認めて、方向転換《ほうこうてんかん》していく勇気がある
頑張《がんば》る粘《ねば》り強《づよ》さ、体力もある
マスコミ、ジャーナリズムの世界は時間も不規則《ふきそく》で
×××！×××!!
就労時間《しゅうろうじかん》も長い。現場も厳《きび》しい
あこがれだけで務《つと》まる世界ではありません
世の中に文や本を送り出すということは
社会や人の心に影響《えいきょう》を与《あた》えるということです
BOOK
とても責任《せきにん》の重い仕事であり、取り返しがつかないこともある、
ある意味とても恐《おそ》ろしい仕事です

ポン！
でも小林君、
あなたの文章力と視点、温かい思いやりがあれば大丈夫《だいじょうぶ》でしょう!!
先生……
ありがとうございます!!
大日本特工電線《だいにっぽんとっこうでんせん》
本社最終面接《ほんしゃさいしゅうめんせつ》——
大日本特工電線
大日本特工電線
控室《ひかえしつ》——

いよいよ最終面接…
想像《そうぞう》以上に立派《りっぱ》な会社。
俺の器《うつわ》を超《こ》えてるかもしれない……
落ち着け……
二次面接が通ったのだって奇跡的《きせきてき》……
……失うものは何もない
思い切って自分を出そう！
……私は、真面目《まじめ》で誠実《せいじつ》な性格です
仕事にも、真正面から取り組み、要領《ようりょう》を使わず…
全力で頑張《がんば》ります！社会に出るといろいろな状況《じょうきょう》があると思いますが…
与《あた》えられた環境《かんきょう》の中で精《せい》いっぱい清く正しく働いていきたいと思います

清く正しく、要領《ようりょう》を使わずに真面目に働きたい……
立派なポリシーですね。そう思うに至《いた》った理由は何ですか？
はい、あの、
ちょっと青臭《あおくさ》くて恥《は》ずかしいんですけど……
私は大学に対して大きな期待を持って入学しました
でも、授業や試験で多くの人が要領《ようりょう》を使っているのを見て、
またそれが通用してしまうというのが、
とてもショックでした
それで大学に失望してしまい、私自身も授業をサボっていた時期がありました
でも周囲に流されている自分こそが問題なんだと気づき2年からは真剣《しんけん》に勉学に取り組みました
そうしたら、大学生活がとても充実《じゅうじつ》してきて、
自信も出てきて、勉強以外のことでも、
いろいろなことに前向きに楽しめるようになりました

だから…
会社に入ってからも
とにかく真面目《まじめ》に
誠実《せいじつ》に…
精《せい》いっぱい
働いていきたいと
思っています
なるほど
いいところに
気がつきましたね
うむ
結局、
仕事っていうのは、
誠実《せいじつ》が一番だからね
御社《おんしゃ》でなら、
私の良い能力を最大限に
引き出し、発揮《はっき》していけると
確信しています
今の私には、
絶対に誰にも負けない、
というような能力は
ないと思います。
すごい社会人の方を見てきて、
未経験の私が、
今、その方々に勝てるとは
到底《とうてい》思えません

でも、私が社会の中枢《ちゅうすう》となる時には、「これだけは絶対に負けない、絶対的な自信がある」と胸《むね》を張《は》れるような人になりたいと思います！
うん、うん そうですか
当社は、人材の育成に自信を持っています
当社は、若手に任《まか》せすぎや任せっ放《ばな》しはしません
任せるのは、あくまで基礎《きそ》をつけてからです
しかし、実力を認められて、いったん任せてもらったら、
本当に任せてもらえますよ
ある意味、厳《きび》しいですが、
社員を本当に大切にしている企業だと自負《じふ》しています
仕事というものは、「始めからこれがやりたい」などと言わないほうがいい「始めから楽しもう」なんて思う必要もない…
いや、実は、私も自分のタイプに合わない営業職《えいぎょうしょく》に配属《はいぞく》されたんだよ
最初は、それが嫌《いや》で会社を辞《や》めようと思ったこともあったよ

でも後になって
そのことが
本当に役に立った
結局、営業《えいぎょう》を
8年やったけど、
それがあって
今の私がある
仕事は難しい
ものですから、
困《こま》ったり、
行《い》き詰《づ》まることが
たくさんあって
当たり前です
しかし、
当社は支え合える
環境《かんきょう》だから、
尾上さんも
きっと乗《の》り越《こ》えて
いけますよ！
ありがとう
ございます！
俺のために親身《しんみ》になって、
いろいろな話をしてくれている。
時間もかけてもらって、
期待《きたい》してもらえてる
と感じる
人事の人も穏《おだ》やかで
会社の雰囲気《ふんいき》も
自分に合いそうだ
よい意味で、本当に安定している
会社なんだろうな。
安心して働ける気がする。
業種《ぎょうしゅ》も職種《しょくしゅ》も
希望と微妙《びみょう》に違うけど
きっとこういう会社が
人間性の高い、自分の能力を最大限に
引き出していける会社なんだろう

得意な科目は財政学《ざいせいがく》となってますけど、
卒論《そつろん》の研究《けんきゅう》課題《かだい》は何ですか？
はい
財政政策《ざいせいせいさく》としての国債発行《こくさいはっこう》の是非《ぜひ》について、研究したいと思っています
とても難しいテーマですが、国債残高《こくさいざんだか》の問題に、
自分なりの答えが見つけられたらいいなと思っています
そして……
サイクリング部での経験から得《え》たことに、
「一歩一歩ということの大切さを学んだ。ゆとりの心を習得《しゅうとく》して強くなった」、
とありますが、もう少し詳《くわ》しく説明していただけますか？
はい！
自転車は、目標を正しく持ち、一歩一歩足を動かしていけば、
確実に目的地に着くことができます

目標を間違《まちが》わないためにも、焦《あせ》らないためにも、
ゆとりの心が大切だと学びました
まだまだ未熟《みじゅく》ですが努力の方向を間違えず、
バランスを失わず、一歩ずつ着実に歩んでいける人になりたいと思っています
ありがとうございます。では……
……
今年の採用枠《さいようわく》は文系が5人。今年は例年以上に優秀な学生が来てくれている
しかし、彼のようなタイプは少ない。何より、この素直で正直な性格は魅力《みりょく》だ
しかし、適性検査《てきせいけんさ》も一般常識《いっぱんじょうしき》テストも中位。これといった強いPRもない。自信がないのか、謙虚《けんきょ》なのか……
会議でも、もめるだろう。
ギリギリ選外になるかもしれない。しかし、このまま落としてしまうのは惜《お》しい人材だ

もう一度だけ
PRの機会を与《あた》えるか…
自分は出せた。
本当のコミュニケーションは
できたと思う
だけど、これだけの会社…。
正直、結果は分からない。
でも俺、
この会社に入りたい！
では、部長
最後に何か
ありますか？
うむ…
じゃあ最後に
一ついいかな？
実は、
私も自転車が
好きでね
若い頃《ころ》は
よく遠出《とおで》したもんだよ。
エントリーシートにある
「日本横断《にほんおうだん》レース」
これすごいね！
一日で350キロ。
日本海まで
走っちゃうの？
夜も寝《ね》ないで？
はい。
徹夜《てつや》で走ります
自転車で一日で
日本海まで行くなんて
過酷《かこく》なレースだよね
ほー。

こんなこと やってる人って まずいないでしょ
このレースの体験からは もっとすごいことを 得たんじゃない?
「一歩一歩」とか 「ゆとりの心」 だけじゃなく…
鉄板《てっぱん》のエピソードを 振《ふ》ってもらえた!! どうする? アピールすべきか!?
はい…… 大変な レースです
でも…
でも そんなには大変 じゃないんです
若い体力が あれば 基本的には 誰でも完走でき ると思います
私も最初に走った時、 思ったより 簡単だったので 驚《おどろ》きました
私は、このレースや、 また大学生活、 就職活動などを通して 世の中には、 難《むずか》しそうだけど 意外に簡単なものと
簡単そうだけど、 なかなかできない ことがあると 知りました

ふむ・・・
簡単そうだけどなかなかできないことって例えば?
例えば…
朝、家族や友だちにおはようと明るく挨拶《あいさつ》するとか、
ちゃんと授業に出るとか、人を尊敬《そんけい》したり思いやったり……
当たり前だけど、そういう当たり前のことを、しっかりやっていくことが大切なんだと
思えるようになりました
ほう!いまどき珍《めずら》しく礼儀《れいぎ》や常識《じょうしき》をわきまえた学生だ
そして、心の強い人間だ…
君は学生時代、いい経験をしてきたんだね……
はい!
ありがとうございます
サラサラ…
備考
鍛えれば
人材なり!

第４章
就職活動の終了
就職部
コンコン
失礼します
就職先
最終決定報告書と、
就職活動報告書を
持ってきました！
就職先は
リンゴ製糖《せいとう》ですね
重複《じゅうふく》内定、ほかに継続中《けいぞくちゅう》
の会社はないですね
はい、
ありません
リンゴ製糖《せいとう》は、
私の初めての
そして唯一《ゆいいつ》の
内定です！
リンゴ製糖で
ぜひ頑張《がんば》ってください！

スケジュールの問題はあるでしょうけど
行きたい企業から受けていって
最初に内定をいただいた企業が、
一般的《いっぱんてき》には最もやりがいのある企業だと思います
また、最初に誘《さそ》ってくれた企業ですから、
とても嬉《うれ》しい内定でしょう
はい！
私にとってリンゴ製糖《せいとう》は、一番満足できる企業です
新卒就職《しんそつしゅうしょく》の目標である、
人間性の高い、自分の能力を最大限に引き出していける企業だと思います
本当にうれしいです……
私、これで、就職活動を終了します
お疲《つか》れさまでした
活動報告書、きちんと書いてくれましたね
ありがとう。きっと後輩《こうはい》たちの役に立ちますよ

カチャ
失礼します！
あっ！
先生！智恵ちゃん！
私、尾上一郎
本日、大日本特工電線に内定いたしました！
そうですか！
おめでとう！
やった……
やったね―！
おめでとう!!
ありがとう！
さっき電話で内定をいただいたんですけど
人事部長が僕のことを推《お》してくださったみたいで……
やはり、あの部長がですか……
自転車が好きで、レースの話を振《ふ》ってくれたという

尾上君が面接の内容を報告してくれたとき、
正直、尾上君はボーダーラインにいると思いました
でも、その部長がきっと推《お》してくれるとも思いました
「いい経験を積《つ》んできたね」というのは最高のほめ言葉ですよ
これまでの経験を知れば、これからのことが予想できますからね
そうか、あの部長のおかげで入社できたのか
ありがたいな……
偶然《ぐうぜん》に見つけた会社だし
無理かもしれないとも思ったけど……
ちゃんと素直に正直に自分を出せて、それで内定をもらえるなんて…
本当に奇跡《きせき》だと思います
本当の就職活動をして会社を回っていくと、不思議《ふしぎ》と波長《はちょう》の合う会社、
トントン拍子《びょうし》にことが進む会社、
今回の尾上君のように自転車好きの面接官がいたなんていう
偶然《ぐうぜん》の幸運が重なる会社などに巡《めぐ》り合《あ》うことがあります
それらの会社は、基本的《きほんてき》には、自分と相性《あいしょう》のいい会社、自分に合った会社と言えると思います

誰に対しても自分に合った会社があり、正しく動いていけば、誰もがこんなふうに自分に合った会社に巡《めぐ》り合《あ》っていける…
奇跡的《きせきてき》だけど、それが就職活動の正道《せいどう》です
そして、忘《わす》れてはならないのは、そこには、あなたを推《お》してくれた人がいるということです
その人との出会いが会社、仕事との出会いです
この出会いに感謝《かんしゃ》して入社後、大切に生かしていってください
推《お》してくれた人の期待《きたい》を裏切《うらぎ》ってはいけませんよ
はいっ！期待にこたえていけるよう、頑張《がんば》っていきます!!
コク！

ガチャー!!
先生!
内定しました!!
消費自治新聞社《しょうひじちしんぶんしゃ》に
就職します!!!
ここ、こばやしーっ
決まったのかー
おっ
ありがとう
おめでとう!
ありがとう
尾上!!
智恵ちゃん!!
おめでとーっ!!
やったぁー
やりましたね。
あなたなら受かると
思ってましたよ
おめでとう!!

ありがとうございます！
俺、本当に頑張《がんば》って、いい記事が書けるジャーナリストになります
これで3人とも決まったんだね！
ああ
うん
本当に嬉《うれ》しいっ！今日はお祝《いわ》いだねっ！
先生、最後までありがとうございます
智恵ちゃん、尾上も、ありがとう!!
俺だって、支《ささ》えてもらった。ありがとう！
今日で就職活動終わりなんだね 頑張ってきてよかった！
本当によかった……

……
就職活動が終わってどうですか？
俺は……
当初の希望とは、業種も、職種も、規模《きぼ》も……
まったく違《ちが》う就職になりました
自分でも少し驚《おどろ》いてます
私も！
食品という希望はかなったけど
最初に考えていたのとはかなり違《ちが》う
俺なんか……
希望も何もなくて、いろいろ迷走《めいそう》したよ
つまり、みなさんは当初の思い通りにはならなかった……
では、今、不幸せですか？
いいえ、今、幸せです

就職は、狙《ねら》い撃《う》ちをして入るというものではなく
ほとんどの人はたまたま出会った会社に入るということになります
就職とはそういうもので
それが、縁《えん》や運《うん》なのでしょう
たしかに縁や運はある気がする
少し不思議な話ですが、
就職には、自分の努力だけではどうにもならない部分が多くあり、
いい就職をするためには、「運《うん》」や「縁《えん》」を上手に生かしていくということが
意外と重要なんです
ほんとそうですね！
たくさんある企業の中から、自分が入れる会社ってたった一つ……
ゆっくりと何かに導《みちび》かれて決まっていく
運や縁などは人知《じんち》では図《はか》れませんが、それらが就職に大きくかかわっていることは真実でしょう
だから就職は自分の努力だけで強引に突《つ》き進《すす》むのではなく、
もっと大きなものに自分をゆだねるという気持ちも大切だと思います

そのゆとりの心を欠《か》くと、いい就職を外してしまうんでしょうね……
俺、がむしゃらでした…
本当の自分
いい就職《しゅうしょく》をするためには、無理や無駄《むだ》のない自然な就職活動…
すなわち、本当の就職活動をして自分の本当の能力と人間性を表現していくことが不可欠《ふかけつ》です
そして、その流れの中で導《みちび》かれた企業こそが自分に合った企業なのだと思います
自分の職業を決めるという行為《こうい》は、自然なものなんですね
それなのに、強引《ごういん》な就職活動をすると、
運や縁を生かせず就職先も微妙《びみょう》に自分とは合わずズレていく……
「思い込んだらまっしぐら」じゃダメってことですね……
なはっ

就職は理屈《りくつ》やテクニックがそのまま通用する世界じゃないってことが
よく分かりました！
就職活動とは
いかにその出会いを生かしていけるかが成否《せいひ》を分ける
と言っても過言《かごん》ではありません
運や縁という不思議《ふしぎ》な要素の絡《から》む「就職活動」では、
本当の就職活動をするしかありません
本当の就職活動をすればこそ、ベストの企業と巡《めぐ》り合うことができるのです
私も、あそこで島村《しまむら》さんに言われたこと、ショックだったけど、自分が成長できて就職にもつながった
不思議《ふしぎ》だよね
うん。それに…ありがたいよ
俺はすっかり自分を見失ってたけど小林や先生のおかげで
今の会社に、そしてあの部長に
出会えた
俺も、夢野先生、そして清水さんに出会って、自分を見つめ直す機会《きかい》をもらった
苦しかったけど、やっと本当の自分で就職活動できた

本当の就職活動をして入った企業は、入ってからも頑張れます
自分のイメージ
現実
入ってからのイメージがある程度できているので、「こんなはずじゃなかった」と思うことが少ないのです
また、期待と、いい人間関係があれば、入社後に嫌《いや》なことや、つらいことがあっても、
がんばれ
期待してます。
しょぼーん
「期待してくれている人たちを裏切《うらぎ》ってはいけない」という気持ちがわき、周りの人にも支《ささ》えられ、力強く乗《の》り越《こ》えていけるものです
よーし!!
復活
イメージ
現実
ち、違っ
逆《ぎゃく》に、そういう就職活動をしないで、就職先を決めると、入社後、何かあるとすぐに辞《や》めたくなってしまいます
期待してないから
ムリ…
役立たず!!
いわゆるミスマッチ就職です
結局、就職先を決めるのに一番大切なものって自分の心なんですね
とほほ…
待遇《たいぐう》とか、ここに入れば、他人にうらやましがられるとか…
俺は、そこばかり優先《ゆうせん》してたすげーカッコ悪かった

やっぱり、本心ですね
本心で「ここで働きたい。ここでなら、全力で働いていけそうだ」……という気持ち
あと
精《せい》いっぱい就職活動をして ベストな選択ができた という満足感… 受け入れていただいた 感謝や感動……
そうです
そういった精神的《せいしんてき》なものが、就職にはとても重要です
そして縁《えん》あって入った企業を、自分にとってのベストの企業と信じて働いていけば、
入社後も自然とうまくいき、
幸せな仕事人生を歩んでいけます
つまり、本当の就職活動をすれば、入社後も幸せに働いていける、
すなわち、ミスマッチはしないものなのです

それと、「本当の就職活動」の「本当」とは
「自分の目指す生き方に合った」と置《お》き換《か》えることができます
自分の能力、人間性と合った就職活動をしてこそ
自分に合った、いい仕事に出会えるのです
仕事って深いんですね……
先生が転職した理由がまた一つ分かった気がします
やったー!内定ゲットォーーっ!
って世界じゃないんだね
入社してから幸せになるってことが就職活動の目的だもんね
僕は本当に勉強になりました
就職活動は成長の場だったと、つくづく思います
私も
少し大人になれたような気がします
俺も
いろいろ失敗したけど、いろいろ勉強にもなりました
社会に出てからも、ずっと失敗、勉強の繰《く》り返しです
人間は死ぬまでその繰《く》り返《かえ》しですよ!

先生も失敗すること
あるんですか?
おどおどしたり、詰《つ》まったりしてる夢野先生なんて、
想像《そうぞう》つかない
バカだなぁーー!っ
そりゃ
優雅《ゆうが》に見える白鳥《はくちょう》も、
実は水面下《すいめんか》で
足をバタバタさせてる
のさっ!
本当のところは
どうなんですか
ザ!
小林君の言う通り
私も就職部のキャリアは
まだ浅《あさ》いですからね
失敗して
ますよ!
例えば、
目的を明確《めいかく》にせずに
尾上君を広丸工業所《ひろまるこうぎょうしょ》へ
連れていったのは
失敗でした
うっ
ガピーン
アハハハハ
先生、その話は
やめてくださいよー

梅桃大学サイクリング部☆
Forever!

エピローグ——それぞれの道

BOKUTACHI HA
MADA
SHIGOTO
NO KOTOWO
NANIMO SHIRANAI

大日本特工電線
ポン！
尾上君、どうですか新人研修《しんじんけんしゅう》は？
佐藤さん！
はい！だいぶ慣《な》れてきました
2ヵ月の新人研修、長いようだけど、
どれも必ず役立つことばかりだから、
貪欲《どんよく》に吸収《きゅうしゅう》していってください。
そして分からないことがあったら、担当社員に何でも聞くこと
何でも聞けるのが新人の特権《とっけん》!!
はい！何でも聞いてます
正直、分からないことばかりで……
でも、焦《あせ》らないで、勉強していきます
それと、同期《どうき》の仲間を大切に
同期は、一生の友だちになれますよ

お
それなら
任《まか》せて下さい!
理系の同期とも
仲良くな!
面白いヤツ発見
ポン。
これから先、
助けてもらわなきゃ
ならんことが
たくさん出てくるぞー
はは。
え、ええ〜っ
もうっ、新人を
おどかさないの!
一歩
一歩…
だよね!?
はいっ!
今日も
頑張りますっ!!

キュ!
よし。
わっ
朝礼《ちょうれい》遅《おく》れるっ!
キュ キュ
トントン
バタバタ
いってきまーす!
バタバタ
相変わらずだなぁ……
会社が楽しくてしょうがないみたいよ……
まっ、これからだな

カチ☆
パ
ドサ!
おはよう！いつも早いね！
おはようございます！
おはようございます

トントン
あ
おはようございます 山川急便でーす!!
あ、はい 今行きまーす!!
朝便
お荷物《にもつ》です!!
だっ
大国《だいこく》!?
何やってんだよ お前!!
あっ、小林君?
山川急便
君こそ、何やってんのさ?
サインおねがいしまーす。
ここに就職《しゅうしょく》したんだよ、俺は!
はい―。
へー業界紙《ぎょうかいし》か、いいね
お前は?
アルバイトってとこかな
へへ・・
な、何ーーーっ?!
お前、それでいいのか!? アルバイトじゃ、お前の能力《のうりょく》を引き出せないぞ!!
ガクガク
いっ、今からでも遅《おそ》くない!! 就職しろっ!!
ガク

フフフフ
やっぱり小林君は
いい人だね
ーえ。
でもご心配には
及《およ》ばないよ
ど、
どういうこと?
僕、父親が会社経営を
しててさ、跡《あと》を継《つ》ぐんだ
何年か違《ちが》う会社で
修業《しゅぎょう》してこいって言うから
就活してたんだ。
就活からはいろいろ学んだよ
何が足りないのかも分かった。
僕は、いろいろな立場を
経験すべきだと
と思ってさ
そうか!?
お前…
将来《しょうらい》、社長か!!
親の七光《ななひか》りだけじゃ
嫌《いや》だからね
会社をもっと
発展させたいし、違う
分野にも進出したい
心を正して
勉強しなくちゃ!!
お前も
やるじゃん。
へー。
跡取《あとと》りも、
つらいのさ……
まっ君には、
分かんないと思うけど
フフッ
ぷっ

頑張《がんば》れよ!!
お前が社長になったら、取材に行くかもよっ!
取材されてもいいけど
小林君!
編集会議《へんしゅうかいぎ》、始めるよ
コピーできてる?
はいっ!
今持っていきます
やべっ
じゃあ、頑張《がんば》ろうぜ!!
お互《たが》いにね!!

―8月―
ただいま〜
お、珍《めずら》しいな。帰ってくるなら連絡しろよ
おみやげ
ごめん！母さんは？
夜まで出かけてる
昼飯《ひるめし》、食べたか？
まだ
今弁当《べんとう》を買いに行くとこだ。一緒に行かないか？
いいね

あの弁当屋さん懐《なつ》かしい
よく二人で買いに行ったよなぁ
いろいろ話しながらね
そうだなぁ
就職活動《しゅうしょくかつどう》しながら、父さんから聞いたことを結構《けっこう》思い出してたよ
なんか話したっけ?
夢にまでできたよ
説教《せっきょう》した覚えは、ないけどなぁ
父さん、ありがとう
え?
恥《は》ずかしいから、一度だけしか言わないけど…

僕は、今、父さんみたいに働きたいって思ってる
あの頃《ころ》、父さんがどうして頑張《がんば》れたのかなんとなくわかったから
仕事、面白いか？
面白がる余裕《よゆう》なんてないよ
今は必死って感じ
でも、いつか父さんを超《こ》えてやるんだ
それ、父親が息子に言われたい言葉ナンバー1だな
一郎、俺こそありがとう
俺はいつも忙《いそが》しくて母さんとお前には、寂《さび》しい思いをさせてた
実を言うといつも後ろめたかった
あはは
今の時代、あんなに残業《ざんぎょう》してたら逆《ぎゃく》に怒《おこ》られちゃうよ

そうだな
時代とともに
働き方も変わって
いくな
うん
だけど、
一歩一歩
地道《じみち》な努力や
積《つ》み重《かさ》ねが大切
ってことは
変わらないと
思うよ
…お前、
就職活動で
強くなったな
そう?
これからの
仕事人生、
つらいことも
あるだろう
会社を辞《や》めたいと
思うことも…
だけど、いつでも
お前らしいその
笑顔を失《な》くすなよ
新卒《しんそつ》で入った
会社に長く勤《つと》めて、
一歩一歩、
よりよいキャリアと
人間関係を築《きず》いて
いってほしい
培《つちか》った能力と人間性は
お前にやりがいを
くれるはずだ
それは、お前を守る
宝になる。
俺はそう思う

がんばれ、一郎！
誰《だれ》もが
社会に出る時が
必《かなら》ずやってくる。
そして、
働きながら
長い人生を歩いていく。
顔を上げて歩けば、
道の先に何があるのか
見えてくるはずだ。
そして、
まわりの景色《けしき》を楽しむことも
できるはずだ。

BOKUTACHI HA
MADA
SHIGOTO
NO KOTOWO
NANIMO SHIRANAI

私たちの未来

僕たちはまだ、仕事のことを何も知らない。

2020年5月22日 第1刷発行
2020年11月16日 第3刷発行

原案 各務展生
マンガ 糸貫律
構成 木平木綿
発行人 松村広行
編集人 芳賀靖彦
企画・編集 目黒哲也
発行所 株式会社 学研プラス
〒141-8415 東京都品川区西五反田2-11-8
印刷所 中央精版印刷株式会社
DTP 株式会社 四国写研

●お客様へ
【この本に関する各種お問い合わせ先】
○本の内容については左記サイトのお問い合わせフォームよりお願いします。
https://gakken-plus.co.jp/contact/
○在庫については――――電話 03-6431-1197(販売部)
○不良品(落丁・乱丁)については――電話 0570-000577
学研業務センター 〒354-0045 埼玉県入間郡三芳町上富279-1
○右記以外のお問い合わせは――電話 0570-056-710(学研グループ総合案内)

学研の書籍・雑誌についての新刊情報・詳細情報は、左記をご覧ください。
学研出版サイト https://hon.gakken.jp/